Robert Misik
Genial dagegen

ROBERT MISIK, geboren 1966, taz-kolumnist, profil-Journalist, Blogger und Videoblogger (www.misik.at). 1999 und 2000 erhielt Robert Misik den »Bruno-Kreisky-Preis für das politische Buch«, 2008 den Österreichischen Staatspreis für Kulturpublizistik. Jüngste Buchveröffentlichungen: »Marx für Eilige«, »Das Kultbuch. Glanz und Elend der Kommerzkultur«, »Politik der Paranoia. Gegen die neuen Konservativen«, »Gott behüte! Warum wir die Religion aus der Politik raushalten müssen«.

Der Kapitalismus schafft Unbehagen und produziert die Kapitalismuskritik gleich mit. Auch die Dissidenz wird zur Ware und verbreitet Bilder, die von Befreiung erzählen und wie Werbung aussehen. Die neue linke Welle ist Symptom einer Sehnsucht nach starken politischen Alternativen, nach dem »Echten« und dem »wahren Leben«, eine Sehnsucht, die von der breiten Lawine kommerzieller Geistlosigkeit ausgelöst wird.

Mit Witz, Ironie und Überzeugungskraft verdeutlicht Robert Misik, weshalb es heute so schwierig ist, auf kluge Weise links zu sein – und warum links zu sein doch die einzige Weise ist, klug zu sein. »Misiks clevere Reflexion über das neue kritische Denken trifft den Nagel genau.«

Rheinische Post

Peter Sloterdijk hat »Genial dagegen« »nachdrücklich empfohlen«.

Robert Misik

Genial dagegen

Kritisches Denken
von Marx bis Michael Moore

aufbau taschenbuch

Mit 11 Abbildungen

ISBN 978-3-7466-7058-4

Aufbau Taschenbuch ist eine Marke der
Aufbau Verlag GmbH & Co. KG

3. Auflage 2009
© Aufbau Verlag GmbH & Co. KG, Berlin
© Aufbau Verlag GmbH, Berlin 2005
Umschlaggestaltung Henkel/Lemme
unter Verwendung eines Fotos von ullstein bild
Druck und Binden
CPI Clausen & Bosse, Leck
Printed in Germany

www.aufbau-verlag.de

Inhalt

Einleitung: Radical Chic? 7
Warum es heute so schwierig ist, auf kluge Weise links zu sein – und warum Linkssein doch die einzige Weise ist, klug zu sein.

Bewegungen, Theorien, Pop

1. Der Kampf um die Rote Zone 27
Warum es plötzlich wieder Usus geworden ist, von der Vernissage zur nächsten Demo zu gehen.

2. Klassenkampf in Disneyworld 50
Politische Kritik in Zeiten des Entertainments. Wie sich Michael Moore eine Fangemeinde sichert, indem er das Unrecht bekämpft.

3. Positive Thinking 62
Denken der Revolte I: Das Glück hier und jetzt packen. Der erstaunliche Altersruhm von Toni Negri und der Hype um »Empire«.

4. Wählen ohne Wahlmöglichkeiten 74
Denken der Revolte II: Der exzentrische, global operierende Philosophie-Entertainer Slavoj Žižek.

5. Riskantes Denken 84
Denken der Revolte III: Was die Negri-Mania und der Žižek-Hype sichtbar machen – Versuch eines ersten Resümees.

6. Jemand lebt mein Leben. Und das bin nicht ich. ... 88
Und plötzlich war Theater wieder spannend. Pollesch, Ostermeier & Co. oder: Wie die Dramatik die Entfremdung entdeckte.

7. An dem Produkt ist was kaputt 100
Kommerzkritik, der neueste Renner: Pop wird wieder Protest – und das klingt erstaunlicherweise oft gar nicht peinlich.

Linke Mythen

8. Her mit dem schönen Leben! 115
Mythos Leben. Authentizität, innerer Reichtum, wahre Gefühle: das Eigentliche, um das sich alles dreht.

9. Der Partisan 127
Mythos Gewalt oder: Wenn die Lebensgier in den Todeskult umschlägt.

10. Wie war Andreas? 143
Mythos RAF oder: Warum ein viriler Outlaw eine Generation faszinierte und warum die Faszination nicht vergehen will.

Wie westliche Intellektuelle lernten, den Terror zu lieben. Eine Abschweifung

11. Versuchsweise Extrem 155
Brecht, Benjamin, Bronnen, Becher oder: Umarme den Schlächter! Eine historisch-aktuelle Physiognomie in siebzehn Bildern.

Schluß
12. Immer radikal, niemals konsequent 179

Anmerkungen 193
Bildnachweis 200

Einleitung

Radical Chic?

Warum es heute so schwierig ist, auf kluge Weise links zu sein – und warum Linkssein doch die einzige Weise ist, klug zu sein.

Der Zorn hatte sich offenbar lange aufgestaut. Was der Mann schreibe, habe »etwas Verkommenes, geistig Verwahrlostes«, wütete Jörg Lau, Feuilletonredakteur der Hamburger »Zeit«, und es »umweht etwas entschieden Romanhaftes diese Erscheinung«. Derart in Rage hatte den Kritiker ein Mann gebracht, der drauf und dran ist, einer der »ganz großen Stars des transatlantischen Kongreß-Jetsets« zu werden – der slowenische Philosoph Slavoj Žižek.

Slavoj Žižek produziert auf provozierende Weise linke Theorie – und hat damit auch noch Erfolg. Sein 2002 erschienener schmaler Suhrkamp-Band erregte den Unwillen der versammelten Freunde des Mittelwegs: »Die Revolution steht bevor. Dreizehn Versuche über Lenin«, prangt als Titel auf dem Cover. Darin räsoniert Žižek über die »Leninsche Geste«, die es zu revitalisieren gelte, da in der »Leninschen Lösung«, obschon sie fürchterlich gescheitert sei, »ein utopischer Funke« war, der es wert wäre, bewahrt zu werden. Wer mit solchen Überlegungen zur globalen Celebrity wird, provoziert Übellaunigkeit: Da spinnt jemand gefährliche Träume vom »guten Terror«, so Laus strenges Verdikt, und wird damit zum Helden des »Radical Chic«. Drei mal pfui, echauffiert sich der Kritiker, eine Radikalität sei das, nicht weit von der Frivolität entfernt.

Im Herbst 2003 war Slavoj Žižek natürlich fix gebucht für den »Kommunistenkongreß«, zu dem kritische Intellektuelle und radikale Studenten nach Frankfurt gerufen hatten. Dabei sollte es um nichts weniger gehen als darum, »die Diskussion über ein neu zu bestimmendes kommunistisches

Projekt zu forcieren«. Der Konvent war diesmal kein staubiger Tristesse-Event ergrauter Plaste-und-Elaste-Kommunisten aus der DDR oder phantasieloser DKP-Doktrinäre, sondern Magnet für die Crème de la crème der internationalen Linksintelligenz, hochdekorierte westdeutsche C-4-Professoren wie Axel Honneth, der Erbe des Frankfurter Habermas-Lehrstuhles, oder Micha Brumlik, einer der führenden deutsch-jüdischen Intellektuellen, eingeschlossen. »Marx' Grundidee, eine Gesellschaft zu schaffen, in der alle Verhältnisse beseitigt sind, in denen der Mensch ein erniedrigtes und geknechtetes Wesen ist, ist nach wie vor ein aktuelles Ziel«, formulierte Brumlik und plädierte dafür, dem Kommunismus »noch eine Chance« zu geben.

Daß sich die Konferenz unter anderem von der Bundeskulturstiftung, die im Berliner Kanzleramt ihren Sitz hat, finanzieren ließ, ist ein amüsanter Nebenaspekt der Chose. Faszinierend oder irritierend, wie man will, ist aber etwas anderes: Es ist wieder chic, sich »Kommunist« zu nennen. »Kommunismus« wird dann freilich nur als Chiffre benützt, als Code für den Versuch, das Unmögliche zu denken, eine gewisse riskante Phantasie auszubilden – auch wenn man dazu »Kommunismusmarketing« sagen könnte, in »Ermangelung großer Gefühle«, wie es durchaus selbstkritisch in Beiträgen im Vorfeld des Kongresses hieß. Der, der diesen Code benützt, annonciert damit, daß er sich vom langweiligen neoliberalen Mainstream und seiner behaupteten Alternativlosigkeit von Staatsverschlankung, Sozialabbau und atemlosem »Reform«-Furor ebenso absetzt wie von traditionslinken Warmduschern, die der konservativen Revolution mit Predigten für eine Prise mehr »soziale Gerechtigkeit« den Wind aus den Segeln nehmen möchten. Wer Kommunismus sagt, der meint ein ganz anderes Leben, nicht ein bißchen soziale Umverteilung und eine Spur weniger Ungerechtigkeit. Wer freilich heute Kommunismus sagt, meint meist natürlich nichts von all dem, wofür bis dato Kommunismus stand: weder Vergesellschaftung der Produktionsmittel noch den Aufbau einer strikt hierarchischen bolschewistischen Kaderpartei und schon gar nicht, selbstverständlich, Ein-Parteien-Diktatur und Gulag. Ziemlich sicher würden die in Frankfurt versammelten »Kommunisten« sogar vor der Verstaatlichung der Deutschen Bank zurückschrecken, wahrscheinlich auch vor der Konfiszierung von Herrn Flicks Kunstsammlung.

Der Kommunistenkongreß ist eher ein Symptom. Ein Symptom dafür, daß linke Kritik und rebellische Gesten wieder hip werden. Das ist auf den ersten Blick mehr als erstaunlich. Noch vor ein paar Jahren erinnerte man sich nur mit einem Anflug von Peinlichkeitsgefühlen an die Friedensdemos der frühen achtziger Jahre; der Dreßcode aus Birkenstocksandalen und Wollpulli provozierte nichts als mitleidiges Lächeln. Wer von Weltveränderung schwadronierte, galt als hoffnungslos von gestern, wer gegen »die Mächtigen« anredete als dümmlicher Retro-Aktivist: Weiß doch jedes Kind, daß die Gesellschaft ein System von Systemen ist, der Platz der Macht ortlos, noch die Revolte ein Produkt, an dem sich gut verdienen läßt, und daß jede Rebellion sinnlos ist. Und daß wir sowieso am Ende der Geschichte leben: Weder große Ideen werden in Zukunft mehr geboren, noch stehen uns größere gesellschaftliche Umbrüche bevor. Alles, was die Zukunft noch bringt, so wurde prophezeit, sei das, was wir ohnehin schon haben: Kapitalismus, Demokratie, Marktwirtschaft. Bestenfalls noch schneller, noch glänzender, noch reicher, noch hipper und vor allem noch globaler. Angesagt war das heroische Mittun, die fröhliche Teilnahme am Spiel aus Reichtum, Innovation, der schöpferischen Zerstörung – die leidenschaftliche Hingabe an eine Welt ohne außen, den globalisierten, digitalisierten, beschleunigten Kapitalismus, zu dem es keine Alternative gibt und auch nicht zu geben braucht; sowie der Genuß der Früchte, die er abwirft.

Das war gerade einmal vor zehn Jahren. Und heute? Heute sehen die Schwadroneure von der Schönheit des Kapitalismus alt aus und Revolte ist wieder hip. Eine rebellische Geste da, ein systemkritisches Wort dort, schon ist für Aufmerksamkeit gesorgt. Das Unbehagen am Kapitalismus zieht Kreise – und zwar über die habituell rebellischen Künstler- und Intellektuellenzirkel hinaus. Spätestens im Frühjahr 2005 war die Kapitalismuskritik in der Mitte der Gesellschaft angekommen. Da signalisierten die Meinungsforscher sogar der regierenden deutschen Sozialdemokratie, dass Kapitalismuskritik wieder zieht und ostentative Wirtschaftsnähe – der Zeitgeist vom »Third Way« bis »Hartz IV« – gar nicht so gut ankommt. Prompt ließ Parteichef Franz Müntefering, ansonsten ein eher uninspirierter Kerl, eine Breitseite gegen die »Macht des Kapitals« und die globalen Finanzinvestoren los, die wie »Heuschreckenschwärme« über Firmen herfallen, sie abfressen und kahl zurücklassen. Damit hatte er sich einen Platz auf den Titelseiten fix erobert – und zwar weit über Deutschland hinaus. Er hat »den richtigen Pol berührt. Die Partei vibriert vor Erregung«, wußte der »Spiegel« zu rapportieren, Müntefering Kollege Sigmar Gabriel schlug in dieselbe Kerbe: »Unternehmen mögen ›überflüssige Mitarbeiter‹ haben, aber die Gesellschaft hat keine überflüssigen Menschen.« Aus der sozialen Marktwirtschaft drohe eine »McKinsey-Gesellschaft« zu werden. Bei den Wahlen im Herbst 2005 hat das der SPD nicht mehr viel genutzt, vor allem, weil die rot-grüne Regierung nach links verloren hat – in Richtung der neuen Linkspartei, einem Bündnis aus der mehrheitlich ostdeutschen Partei des demokratischen Sozialismus (PDS) und SPD- bzw. Gewerkschaftsdissidenten aus Westdeutschland, die sich unter dem Akronym Wasg – Wahlalternative soziale Gerechtigkeit – zusammengefunden haben. Zwischenzeitlich stimmten die Franzosen noch gegen den EU-Verfassungsentwurf, mehrheitlich, weil sie in dem vorgelegten Vertrag eine »neoliberale« Konstitution sahen.

Etwa zu dieser Zeit war es auch, als die »Frankfurter Allgemeine Sonntagszeitung«, allzu großer Liebe zu antikapitalistischen Revolten eigentlich unverdächtig, eine »Rückkehr der Linken« prophezeite. »Viele Menschen sind bereit, sich für ein kühnes, abstraktes Ziel, eines, das über das Geldvermehren hinausweist, zu begeistern und anzustrengen«, war da zu lesen, und: »Die Zeit ist reif für neue politische Ideen. Gerade im Moment der größten Ausdehnung und Wirksamkeit der neoliberalen Ideologie mehren sich die Zeichen, daß es den Leuten allmählich damit reicht.«

All das hatte sich schon seit ein paar Jahren angekündigt, erst kaum merkbar. Da wurden Bücher wie »Die Globalisierungsfalle« zu Bestsellern, düstere Jeremiaden über das Ende der Wohlfahrtsstaaten, die einen übellaunigen Kontrapunkt zur Partystimmung der neunziger Jahre setzten. Dann sorgte die No-Globals-Bewegung für Erstaunen, und Antonio Negri und Michael Hardt schrieben mit »Empire« den Theorie-Renner des Jahrzehnts. Polit-Pop stürmt die Charts, besonders wenn in den Songs die Entfremdung in der Kommerz-Kultur der Warenwelt und die Sehnsucht nach einer nichtentfremdeten Eigentlichkeit zur Sprache kommt wie in den Hits der Berliner Combo »Wir Sind Helden«. Für das gehobenere, literarisch interessierte Publikum stehen Theater-Revolutionäre wie René Pollesch bereit, die Charaktere auf die Bühne bringen, die sich in der kapitalistischen Maschinerie verfangen. Die kanadische Autorin Naomi Klein wurde mit Konsumismus- und Markenkritik (»No Logo«) selbst zu einer global erfolgreichen Marke. Und der in Berlin lebende Filmemacher Hans Weingartner schaffte es mit seiner Antiglobalisierungskomödie »Die fetten Jahre sind vorbei« nicht nur, die Kinosäle zu füllen – so-

SCHÖN DAGEGEN – *Sheryl Crow bei der Verleihung der American Music Awards, 2003*

gar das Festival in Cannes bereitete ihm einen begeisterten Empfang. Jetzt trete, so Weingartner ausdrücklich, »wieder eine kritische Generation« auf den Plan, die einfach Zeit gebraucht habe, »um neue Strategien zu entwickeln, gegen ein System, das sein Gesicht nicht offen zeigt«.

Nach dem Amtsantritt der Regierung George W. Bush in den USA, der überdrehenden Kriegsrhetorik nach den Terrorakten vom 11. September, vor allem aber mit deren martialischer Verschärfung, die zur Invasion im Irak führte, wurde Rebellion endgültig en vogue. Michael Moore hat mit angewandter Dissidenz globalen Kultstatus erlangt, und auch die Alt-Hip-Hopper von »Public Enemy« sind mit »Revolverlution« wieder ganz up to date: »Son of a Bush« ist dem Weltkriegsherrn gewidmet. Models und Fashion-Celebrities stolzieren mit »War is not the answer«-T-Shirts über die Laufstege. Peace ist Pop und Rebellion ein Geschäft. Schon wird die »Generation Golfkrieg« ausgerufen, die nunmehr die »Generation Golf« ablöst. Habe letztere nur Eigenheim, Karriere und erstes Auto im Kopf gehabt, müsse sich diese neue Generation wieder ein paar ernsthaftere Fragen stellen. Nach dem Ende des Neunziger-Jahre-Booms ist für die Jungen die Frage aktuell: »Was wird aus mir?« Und die zweite Frage wird dann gleich mitgestellt: »Was geschieht bloß mit der Welt?« Innerlich erschüttert, vielleicht aber auch ein wenig erwärmt von Friedensromantik, reißen die Kids die Fenster auf und hängen »PEACE«-Fahnen raus.

Das gefällt nicht allen, vor allem berufsmäßigen Zynikern nicht. Darum ist das böse Wort vom Radical Chic zur aufstrebenden Vokabel der Saison geworden. Geprägt wurde es in den späten sechziger Jahren. Der New Yorker Autor Tom Wolfe hat es eingeführt, als seinerzeit die linksliberale amerikanische Cocktail-Society zu Black-Panther-Fundraising Parties lud – jener im Hause Leonard Bernsteins setzte er ein bissiges literarisches Denkmal[1]. In dem Wort klingt Spott über die Versuche einer gelangweilten Bourgeoisie und der sinnsuchenden Mittelstandsjugend an, sich ein bißchen Thrill ins Haus zu holen: mit Revoltengesten, die zu nichts verpflichten. Man wirft sich in eine heroische

Pose, markiert Distinktion zum Mainstream, riskiert aber wenig vom feinen Leben und fühlt sich gut. »Leere Gesten« seien dies, so das strenge Verdikt. Auch jetzt ist wieder viel von den »leeren Gesten« der neuen Protestkultur die Rede. Wobei nicht ganz klar ist, was die Kritiker lieber hätten: eine wahre, nicht bloß chice Revolte – oder besser doch keine. Würden die jungen Leute, über deren Che-T-Shirts gespöttelt wird, ihr Wohlwollen finden, wenn sie Barrikaden bauen und in Brand stecken würden? Was wäre denn eine Geste, die nicht leer ist? Und können Gesten überhaupt jemals vollends leer sein? Wobei die bedächtigen Kopfschüttler aus den Kulturressorts von »Zeit« bis »New York Times« auch nicht recht zu wissen scheinen, worüber sie mehr staunen sollen: darüber, daß Celebrities sich in den Rebellengesten gefallen oder daß die Rebellen selbst zu Celebrities werden. Schon wurde Naomi Klein zur global »einflußreichsten Person unter 35« und leise spöttelnd zur »Naomi Inc.« ernannt, zu einer Ein-Frau-»walking talking corporation«. Martin Wolf, immerhin Chefkommentator der »Financial Times«, verglich sie mit Lenin und seinen Bolschewiki, rümpfte gleichzeitig aber die Nase: die einstigen kommunistischen Kader hätten über »Intellekt und Organisationsfähigkeit« verfügt, während bei Naomi Klein und ihren globalisierungskritischen Mitstreitern nur »Moralismus und Passion« geblieben wären – als wäre die zielstrebige Brillanz, mit der die Bolschewisten zum bewaffneten Aufstand schritten, etwas, was vor den strengen Richtern der »Financial Times« bestehen würde.

Wie dem auch sei: Die neue linke Welle ist zunächst ein Symptom. Natürlich hat all das mit sozialer Bedrängnis zu tun, mit wachsendem Stress. Die Zahl der Arbeitslosen steigt unaufhaltsam. Weil dem kein ökonomisches Mittel gewachsen scheint, schlägt der »Kampf gegen die Arbeitslosigkeit« – in allen Sonntagsreden beschworen – in den

»Kampf gegen die Arbeitslosen« um. Die werden in 1-Euro-Jobs gezwungen und auf Hartz-IV-Regelsatz gesetzt, müssen, wenn ihre Wohnung mehr als 40 Quadratmeter mißt, aus den vertrauten vier Wänden ausziehen und gelegentlich schaut bei Singles auch noch ein Spitzel vom Arbeitsamt vorbei, der die Betten der Unterstützungsbezieher nach auffälligen Spuren absucht, ob sie nicht doch einen Lebenspartner haben, der für ihren Unterhalt aufkommen könnte. Ziel: die Arbeitslosen sollen zur Annahme jeder Arbeit gezwungen werden – während es immer weniger ordentliche Arbeitsplätze gibt. Selbst die, die sich irgendwie durchkämpfen, sind mit chronischer Unsicherheit geschlagen: irgendwelche Jobs, von denen man nicht leben kann; schlecht oder gar nicht bezahlte Praktika; scheinselbständig, von Aufträgen abhängig, die heute kommen, morgen ausbleiben. Leiharbeit, Phasen von Beschäftigung, die sich mit Phasen der Nicht- oder Unterbeschäftigung ablösen. Und auch wer noch einen guten Job mit Anstellung, Sozialversicherung und relativer Absicherung hat, kann in vielen Fällen nicht gewiß sein, ob das in drei Monaten oder einem Jahr noch so sein wird. Die Verunsicherung frißt sich in die Normallagen hinein. Dabei muß man gar nicht verschweigen, daß viele im rasant wachsenden Milieu der »Kulturkreativen«, zu denen man Softwarentwickler ebenso zählt wie Werbeleute, Internet-Spezialisten ebenso wie Erlebnisgastronomen, Musiker ebenso wie Journalisten, die »Prekarität« durchaus doppelt erleben: als Freiheit relativ selbstbestimmter Tätigkeiten und als chronische Verwundbarkeit in Arbeitssituationen, in denen nichts sicher ist.

Das Wort »Prekarität« jedenfalls, vor ein paar Jahren noch eine sozialwissenschaftliche Fachvokabel, kennt heute jeder Gymnasiast – es beschreibt die Unsicherheit, die seinen oder ihren Einstieg ins Leben begleiten wird. Gut fünf bis zehn Prozent in den westlichen Gesellschaften haben realistischerweise überhaupt keine Chance mehr, einen Platz in der digitalisierten »Informations- und Wissensgesellschaft« zu finden. Für die High-Quality-Jobs sind sie zu gering qualifiziert, und die einfachen Arbeiten werden heute von Maschinen erledigt (oder nach Bangladesh exportiert). Sie sind die, die der französische Soziologe Robert Castel »überflüssige Menschen« nennt: Sie sind für das ökonomische System schlichtweg unnütz, im Unterschied zu den Proletariern früherer Zeiten. Die wurden zwar ausgebeutet, waren aber auch notwendig, weil sie es waren, die die Maschinen am Laufen hielten.

Aber, man täusche sich nicht: Es ist nicht nur der ökonomische Druck, wahrscheinlich nicht einmal in erster Linie, der den Boden für die neueste Kapitalismuskritik so fruchtbar macht. Wer glaubt, mit dem »Jobkiller Globalisierung« (so das Wiener Nachrichtenmagazin »profil«) ließe sich die miese Stimmung hinreichend erklären, springt viel zu kurz. Schließlich ist heute selbst sozialdemokratischen Wahlkämpfern der Applaus dann am sichersten, wenn sie vor der »Ökonomisierung aller Lebensbereiche« warnen. Das ist es, was mit dem bekannten Wort von der Marktwirtschaft, die nicht zur Marktgesellschaft werden dürfe, gemeint ist. Alles wird als Ware behandelt. Menschen können so überflüssig werden wie verdorbene Waren oder, fast schlimmer noch, Güter, die aus der Mode kommen. Information und Literatur wird Werbeumfeld, Kunst zum Standortfaktor. Alles schmeckt nach Werbung. Die Marken besetzen den öffentlichen Raum. Die Menschen werden zur »Umwelt« ihres eigenen Systems degradiert. Das schafft schlechte Stimmung. Und den oftmals nur wenig verbalisierten Wunsch, es müsse doch »irgendwie«, »irgendwas« anderes möglich sein. Die neueste Linke ist nur ein Symptom dieses Grundgefühls. Vergangenes Jahr hielt sich die drollige Sinnfibel »Schluss mit lustig« des Fernsehpredigers Peter Hahne lange auf Platz 1 der »Spiegel«-Bestsellerliste, nur knapp vor »Die Kunst des stilvollen Verarmens« aus der

Feder des traurigen Prinzen Alexander von Schönburg. Die Botschaft ist immer die gleiche: Sinn kann man nicht kaufen. Und: Man kann glücklich sein, ohne zu konsumieren. Sowie: Wer nicht als Ding behandelt werden will, muß seine Gier nach den Dingen bezähmen.

Auch das neue Links- und Dagegensein ist das Symptom einer Sehnsucht nach starken politischen Alternativen und nach einer unbestimmten »Ernstheit«; eine Sehnsucht, die von der breiten Lawine kapitalistisch-kommerzieller Geistlosigkeit wohl selbst produziert wird. Hier kommt die Hoffnung auf eine »Echtheit« – die Echtheit eines erfüllten Lebens, wirklicher Gefühle, sinnvoller Tätigkeiten – zum Tragen, die natürlich sofort wieder unterlaufen wird. Denn wer wüßte besser als der Kapitalismuskritiker – und der Marktstratege –, daß mit jeder Sehnsucht ein Geschäft zu machen ist, also warum nicht auch mit dieser. Die Dissidenz wird zur Ware und produziert Bilder, die von Befreiung erzählen und irgendwie wie Werbung aussehen. Selbst die schrillsten Einreden – etwa die, dem Kommunismus »noch eine Chance« zu geben – laufen Gefahr, zur Unterhaltung, Zerstreuung, zu folgenlosen Normverstößen auf extra dafür vorgesehenem Terrain zu werden; etwa auf dem der Kultur, und insofern ist schon folgerichtig, wenn eine Behörde namens »Bundeskulturstiftung« dafür Geld gibt. Die Art und Weise, wie sich diese Sehnsüchte und dieses Begehren äußern, sind gewiß von den Verhältnissen, unter denen sie zutage treten, eingefärbt. »Wenn die Kritik erfolgreich, also öffentlichkeitswirksam ist, verwandelt sich der Kritiker selbst in einen Markenartikel«, formuliert der Berliner Kulturphilosoph Norbert Bolz, und: »Das Protestlied gegen den Weltsound von MTV endet als Nummer eins der Charts.« Der Kritiker am Konsumismus entkommt dem Fluch nicht, selbst für Abwechslung zu sorgen und Teil des Spiels mit dem flüchtigen Gut zu sein, das Aufmerksamkeit heißt. Bolz: »Die Subkultur wird zum Markenartikel, der Rebell zum Star und die alternative Szene zum Motor der Unterhaltungsindustrie.«

»Soupkultur« heißt heute eine Suppenküche in einer Seitenstraße des Ku'damms, der eleganten Berliner Glitzermeile. Ein Spiel mit dem Wort »Subkultur« – die sei, so ist das offenbar zu verstehen, nur mehr drei Schritte vom Establishment entfernt und garantiere eine warme Mahlzeit pro Tag. Schrecken brauche sich vor dem Subversiven keiner mehr.

Aber was heißt das schon? Das Subversive ist zwar für tot erklärt, doch das Bedürfnis danach sitzt »viel tiefer, als es mit einer Utopie zu erklären wäre«, merkt der Schriftsteller Richard Wagner an. Selbst die Jugendlichen mit dem Che-Bild am Revers sind hierfür ein Symptom. Das Chiffre Che »bildet die Brücke von der Tradition zum neuen Ungehorsam«. Und dieser Stachel der Subversion tritt in den überraschendsten Gestalten zutage. Noch das Phänomen Napster, argumentiert Wagner, verweise auf ein »Aufbegehren gegen die allgegenwärtige Reglementierung«. Die Raubkopie mit ihrem Gestus des Illegalen ist mehr als bloße billige Aneignung, sie symbolisiert »die Macht des Einzelnen gegen das System«.

Wohin man sich auch wendet, wen immer man ins Auge nimmt, Computerfreaks und Globalisierungsgegner, die Welt der Theorieproduktion und des Theaters – Gesten des Rebellischen, des Aufbegehrens, des Unbehagens. Ausbruchsphantasien, Umbruchssehnsüchte. In der Folge soll versucht werden, die Szene, die hier entstanden ist, einer Kartographie zu unterziehen und einige der schillernden Figuren zu porträtieren; vor allem aber sollen die Ideen, Hoffnungen und Mythen, die hier zutage treten, skizziert und ein paar Elemente linker Mythologie kritisch debattiert werden: etwa der Mythos vom »wahren Leben«, die Vorstellungsreihe vom »Kampf«, in dem dieses sich verwirklicht, die linken Heldenmythen – am Beispiel des Che –, und jene eigentümlichen Tendenzen eines heroischen Vitalismus, wie sie zuletzt etwa in Deutschland unter der Chiffre vom »Mythos RAF« in die Diskussion geraten sind. Dabei ist weniger die Vollständigkeit das Ziel als vielmehr der Versuch zu verstehen, wie der metropolitane Großstadtjugendliche tickt, der plötzlich wieder das Rebellische entdeckt. Verwandte Motive in Kulturen außerhalb der »Ersten Welt« werde ich bestenfalls kursorisch streifen, obwohl das Aufbegehren dort mit dem Aufbegehren hier in einem dialogischen Verhältnis steht und Phänomene wie die Zapatisten in Mexiko, die Sozialbewegungen in Argentinien, aber auch das Engagement von Persönlichkeiten wie Arundhati Roy eine globale Bedeutung haben.

Wie jede Analyse polemisch ist, selbst wenn sie sich völlig objektiv gibt (weil sie immer gegen rivalisierende Deutungen gerichtet ist), so richtet sich auch die hier versuchte »gegen« etwas. Genauer: gegen zwei Richtungen. Einerseits gegen die lauen, abgeklärten Spötter, die sich bequem eingerichtet haben in einer Gegenwart, von der sie ernsthaft glauben, sie wäre auch unsere Zukunft, und die jeden Versuch, Neues zu erproben als Kinderromantik abtun. Indem aber die linken Mythen ebenso kritisch befragt werden, soll der Sinn für die Ambivalenzen des oft unbewußt mitgeschleppten linken Traditionsbestandes geschärft werden. Schwülstiger Widerstandspathos und seichter Antiimperialismus sollen ebenso kritisch debattiert werden wie linke Heldenverehrung und platter Antikapitalismus.

Eine entstaubte Kritik, die weder in die Falle der Affirmation noch in jene der plumpen »Systemkritik« fallen will, müßte wohl gerade von einem Verständnis für Ambivalenzen ausgehen. Die Wünsche und Träume und Lebensentwürfe, die sich immerfort an der kapitalistischen Realität brechen, sind ebenso gesellschaftlich-historischer Natur wie diese Realität selbst. Das Unbehagen und die Revolte sind, wenn man so will, die nobelsten Produkte des Kapitalismus.

Für einen Augenblick unterstellt, der zeitgenössische Kapitalismus könnte sprechen: Was ist es, was der Kapitalismus »sagt«? *Mach Dein Ding! Genieße! Sei Dein eigener Herr! Blök nicht mit der Meute! Sei kreativ! Entwickle Deine Potentiale!* Der Kapitalismus produziert Freiheitsversprechen, die er nie halten kann. Er produziert einen Individualismus auf der Basis vieler quer- und gegenläufiger sachlicher Abhängigkeiten, in die die Individuen verstrickt sind. Für sie stehen Rollen zur Auswahl – soviel Freiheit stellt der Kapitalismus parat; aber es sind Rollen, deren Autoren sie nicht sind. Die Menschen haben das Gefühl, Gefangene dieser Rollen zu sein. Selbst der Herdentrieb der Konsumgesellschaft verträgt sich gut mit den Unabhängigkeitsideen des westlichen Individualismus – man kann wohl mit einigem Recht sagen, daß dies eine der ironischen Wahrheiten unserer Zeit darstellt. Und die Wünsche nach einem anderen, echten Leben sind ja keine Sehnsüchte, die gleichsam in die genetische Struktur der Individuen eingeschrieben sind. Sie sind kulturell, historisch und gesellschaftlich produziert. Schon darum sind die Gesten, in denen sie sich äußern, niemals vollends leer: in ihnen tritt das Reale dieses Kapitalismus genauso – wenn auch in anderer Weise – zutage wie in der hektischen Betriebsamkeit alltäglicher Kapitalverwertung.

Der Kapitalismus hat mit den Rebellen gut zu leben gelernt. Doch diese rebellischen Impulse verändern ihn. Er hat die Einsprüche zu integrieren gelernt; das ist seine große Stärke. Aber, wer weiß, womöglich gibt es auch subversive Energien, denen der paradoxe Raum der herrschenden Ordnung nicht die Spitze zu nehmen vermag.

Gewiß ist es heute schwierig geworden, genau zu sagen,

was »links« überhaupt ist. Vor ein paar Jahrzehnten hätte man einen Linken, egal welcher Couleur, noch in der finstersten Nacht aus dem Tiefschlaf wecken und fragen können, wie denn eine bessere Gesellschaft auf den Weg zu bringen wäre – er hätte auch im nächtliche Halbkoma kaum eine Schwierigkeit mit der Antwort gehabt: »Revolution, Macht der Arbeiterklasse, Gemeinschaftseigentum der Produktionsmittel.« Die Sicherheit der schnellen und einfachen Lösungen ist den heutigen Linken – sieht man von den versprengten Trüppleins verbohrter Sektierer ab – ziemlich flächendeckend verlorengegangen. »Eigentlich existiert ›links‹ also gar nicht mehr, nicht als ein eigenständiges, in sich geschlossenes, einflußreiches Denksystem«, konstatierte darum im Frühjahr 2006 die Hamburger »Zeit« – unter dem programmatischen Titel »Was heißt heute Links?« Bis in die achtziger Jahre hätten die Linken unterschiedlicher Ausrichtung in etwa so formuliert. »Wir wissen, wie eine ideale Gesellschaft aussehen könnte. Wir möchten sie allmählich erreichen, Schritt für Schritt.« Ein Linker von heute, so der »Zeit«-Autor Harald Martenstein, ist da viel vorsichtiger: »Wie die ideale Gesellschaft aussieht, weiß ich auch nicht genau. Aber ich sehe etwas, das falsch läuft, hier und heute, eine einzige, ganz bestimmte Sache, und das möchte ich ändern.«

Martenstein ist, wenn man so will, extra skeptisch. Aber natürlich trifft er eine Gefühlslage, wenn man so will, ein Paradoxon: Linke Haltungen sind wieder deutlich häufiger zu finden, aber wie genau sich die Linke eine ideale Gesellschaft vorstellt, ist schwerer zu sagen denn je. Man kann das im Bereich der »praktischen« Politik sehen, wo man auch innerhalb der Linken lange darüber diskutieren müßte und kaum einen Konsens herzustellen vermöge, ob denn mehr staatliche Regulierungen ein mehr an Emanzipation bedeuten oder vielmehr weniger – um nur ein Beispiel zu nennen. Und man kann diese Aporien leicht auch im

Bereich der »linken Werte« ausmachen. So ist einer der wichtigen linken Werte die Freiheit, was in entwickelten Gesellschaften auch mit dem Respekt vor Vielfalt übersetzt werden kann – jeder soll die Möglichkeit haben, soviel wie möglich aus seinem Leben zu machen, und zwar nach seiner eigenen Facon. Der zentrale linke Wert seit jeher ist aber die Gleichheit, der »Polarstern« der Linken, wie der italienische Philosoph Norberto Bobbio sagte. Theoretisch gehen Freiheit und Gleichheit natürlich gut zusammen. Vielfalt und Gleichheit sind Zwillinge, weil Gleichheit ja auch heißt: gleicher Respekt für jede Lebensart. In der Praxis ist das natürlich vertrackter. Mehr soziale Gleichheit hat sich in der Geschichte nur dann verwirklicht, wenn sich Menschen zusammentaten, um für sie einzutreten, und das ging um so besser, wenn sie sich als ihresgleichen begegneten – zu viel Vielfalt ist aber der Feind solcher Begegnungen. Insofern sind Gleichheit und Freiheit schon auch wieder Antipoden, weil soziale Gleichheit eine gewisse soziale Homogensierung bedingt. Andererseits sind Gleichheit und Freiheit Zwillinge, weil krasse Ungleichheiten bedeuten: Freiheit für ein paar, eingeschränkte Lebenschancen, also ein Mangel an Freiheit für viele. Dies nur ein Beispiel für eine Reihe von Dilemmata, mit denen eine Linke zu jonglieren hat, die auf der Höhe der Zeit sein will. Man kann daraus natürlich eine Reihe von Schlüssen ziehen: Etwa, daß links nicht mehr geht. Man kann sich dann heroisch in den postmodernen Kapitalismus fügen, mit seinen neuen Ungleichheiten, seiner »The Winner Takes It All«-Kultur, seinem Kult der Erfolgreichen und der Verachtung für die Verlierer. Man kann dann die blöden Parolen nachplappern, daß der Eigennutz in einer veritablen hegelianischen Volte (List der Geschichte!) am Ende alle weiter bringt als Kooperation und Solidarität. Oder man kann nach Manier einer »Retro-Linken« so tun, als existierten diese Probleme gar nicht und man könne einfach wieder zum glorreichen Arrangement der siebziger Jahre zurückkehren, als der Sozialstaat noch intakt, die Vollbeschäftigung erreicht war und es noch keine Neoliberalen gab. Oder aber, man kann sich den Problemen stellen und an Ideen für eine moderne Linke arbeiten.

Unschwer zu erraten, daß das Herz des Autors für letztere Variante schlägt. Die Analysen, die hier versucht werden, werden die Leserinnen und Leser mit ihren eigenen Augen lesen und damit auf unterschiedliche Art. Wie die Resonanz auf die ersten beiden Auflagen zeigte, machen sie davon ausgiebig Gebrauch. Eine bekannte TV-Moderatorin meinte etwa leicht pathosgetragen, ich würde die »Linke in das 21. Jahrhundert führen«, ein Rezensent glaubte dagegen, ich mache mich über die Linke lustig (zugegeben, das sind die Extreme an eigensinniger Lektüre). Aber gewiß, es wird eine Szenerie porträtiert und mit ihr werden Ideen porträtiert. Nicht immer stelle ich meine eigene Meinung in den Vordergrund, immer aber durchzieht sie natürlich als inneres Motiv die Beschreibungen und Reportagen. Die Deutungen, die damit einhergehen, sind Angebote und sicherlich nicht zwingend.

Am Ende ist hoffentlich deutlich: So unbestritten schwierig es heute auch ist, auf kluge Weise links zu sein, so ist Linkssein schlußendlich aber auch die einzige Weise, klug zu sein.

Bewegungen, Theorien, Pop

1. Der Kampf um die Rote Zone

*Warum es plötzlich wieder Usus geworden ist,
von der Vernissage zur nächsten Demo zu gehen.*

Als der deutsche Bundeskanzler Gerhard Schröder im Frühsommer 2001 in Österreich einen offiziösen Staatsbesuch absolvierte, wollte er es sich nicht nehmen lassen, auch ein kleines, handverlesenes Grüpplein von Leuten aus der örtlichen Zivilgesellschaft zu treffen. Das hatte den Ruch des Skandalösen wie auch die Romantik des Außerordentlichen, schmeckte ein bißchen nach Affront und war von einer Prise Geschichte umweht: Der »Premierminister« eines Landes erwies einigen Querköpfen die Ehre, bei denen es sich mehrheitlich um Leute handelte, die vor ein paar Monaten noch große Demonstrationen gegen den Kanzler ihres Landes – jenen Mann, der Schröder offiziell eingeladen hatte –, organisiert hatten. Stattgefunden hat die denkwürdige Begegnung im Heim des Wiener Allroundartisten und Schröder-Freundes André Heller. Nun war, wie so oft in solchen Fällen, das Außergewöhnliche an dem Treffen schon der Umstand, daß es überhaupt stattfand, die Begegnung selbst war freundlich, die Dialoge entspannten sich durchaus klug und angemessen, waren aber auch nicht weiter der Rede wert. Der Kanzler war aufgeräumt, die Gäste in ausgesuchter Höflichkeit erstarrt, man schleppte sich von Thema zu Thema. So plätscherte das Gespräch dahin, bis Ferdinand, der damals elfjährige Sohn des Hausherrn, begehrte, eine Frage an den prominenten Besucher richten zu dürfen. Wen Schröder denn einladen würde, wollte der Junge wissen, wenn er die fünf mächtigsten Menschen der Welt zum Abendessen versammeln wollte. George W. Bush, Jiang Zemin, Bill Gates, antwortete

Schröder prompt, um dann ins Stocken zu geraten: Vielleicht den Chef eines globalen Kommunikationsunternehmens ..., vielleicht auch einen internationalen Megastar ... Der Kanzler streckte die Arme aus und ging in sich. Dachte nach. Europäischer Politiker, sinnierte Schröder, wäre wohl keiner darunter.

Mit dieser gewiß authentischen Sprachlosigkeit, die den Tiefen seiner Erlebnis- und Erfahrungswelt entsprang, befand sich der deutsche Kanzler auf der Höhe des sozial- und politwissenschaftlichen Diskurses. Ist es unter Staatenlenkern Usus geworden, mit einer Mischung aus Seufzen, demonstrativer Bescheidenheit und heroischer Selbstentmächtigung die Frage »Was ist schon Macht?« abzuhandeln, so weiß die moderne Sozialtheorie, daß der Begriff »Macht« eher eine Struktur beschreibt als Befugnisse, über die *ein* Mächtiger verfügt, und daß diese Macht in dezentrierten Gesellschaften schwer lokalisierbar ist. Zustimmendes Nicken erntet, wer das Wort von der »Ortlosigkeit der Macht« in die Runde wirft.

Nur ausnahmsweise, und auch das nur symbolisch, werden von Zeit zu Zeit die Verhältnisse klargestellt, konzentriert sich Macht wieder in einem einfachen Bild. Dann löst sich die Macht nicht in die Maschen und Kapillaren eines vernetzten Systems auf, sondern verschanzt sich. Dann wird, wie ein paar Wochen nach Schröders Wien-Besuch, im Sommer 2001 in Genua, aus der Ortlosigkeit der Macht die »Rote Zone«, die von der versammelten Staatsmacht mit aller Macht verteidigt wird. Die »Rote Zone« zeichnete sich durch nichts als die bloße Anwesenheit der Repräsentanten der Welt-Macht aus, die hier ihren G-8-Gipfel abhalten wollten. Deren Verteidigung gegen die Anrennenden verbuchten die knapp 20 000 Sicherheitskräfte schon als Erfolg, mochte die »Gelbe Zone« auch in Scherben liegen. Belagert von einer seltsamen Art von »Bewegung«, die seit dem unterdessen legendären WTO-Gipfel in Seattle im

Jahr 1999 anschwoll und anschwoll, die mit jeder Station, die sie passierte – die durch Namen wie Davos, Prag, Göteborg markiert sind –, an Dynamik gewann. In Genua waren am Ende wohl 100 000 Menschen beteiligt, allgemein bekannt unter dem irreführenden Namen »Globalisierungsgegner«.

Sie argumentieren gegen die zerstörerische Anarchie auf »den Finanzmärkten«, formulieren Vorschläge für deren Regulierung, prangern das globale Steuerdumping an, das große Konzerne praktisch aus der Pflicht entläßt, Beiträge zum Gemeinwesen zu leisten, schockieren mit Beispielen der Ausbeutung rechtloser Arbeiter an der Peripherie und kritisieren, daß die Arbeiter und die sozial Schwachen in der ersten Welt auch immer mehr unter Druck geraten – doch zum globalen Hype wurde die Bewegung dadurch, daß ihre Schwärme überall dort auftauchten, wo die offiziellen (wie bei G-8-Treffen), die im Hintergrund wirkenden (wie bei WTO, IMF & Co.) oder die informellen (wie in Davos) »Herren der Welt« gewähnt werden. Da wurde das eingängige Image eines »vis-a-vis« der Macht produziert: Sie rennen gegen die »Rote Zone« an, als wäre das Durchbrechen der Sperren irgendeine Art von Sieg. »Die Rote Zone muß fallen«, gaben die Tute Bianche, die zupakkenden italienischen Radikalen in ihren weißen Overalls, als Parole aus. Die Absperrung der Genueser Innenstadt wurde als Chiffre genommen für die Illegitimität von Herrschaft. Niemand habe zu bestimmen, wer wohin gehen darf. Dieser Code repräsentierte ein Sentiment, das sich global ausgebreitet hatte: SIE können nicht mehr ungestört über UNSER Schicksal bestimmen. Dies illustrieren die Gipfel- und Konferenzdemos, in diesem Bild liegt ihre symbolische Kraft.

Und so, wie auch die Kritik am Konsumismus konsumiert werden kann, wie der Pamphletismus gegen die Geschäftemacherei seinen Autoren beträchtlichen Wohlstand zu verschaffen vermag, genauso kann sich der Ansturm gegen die kalten Gesetzmäßigkeiten des globalen Kapitalismus dem Diktat des modernen Medienbusiness nicht entziehen. Erst die Randale eröffnete der Kritik das Feld der Sichtbarkeit; der Protest erreicht erst mit der Randale die Schwelle des Bildwertes. Das weiß jeder, das kalkuliert jeder ein, auch die sogenannten Gemäßigten in der Bewegung, die wissen, daß sie die öffentliche Wahrnehmung den Radikalen verdanken, die Bilder produzieren, die wie Reklamebilder aussehen: Die brennende Barrikade, die erhobene Faust, der nackte Oberkörper und das Tuch über Nase und Mund, das gegen die Tränengasschwaden schützt – dies sind längst Standards moderner Ikonographie.

Das ist ein durchaus ambivalentes Phänomen. Man sollte den erhobenen Zeigefinger des Alles-besser-Wissenden ganz schnell wieder sinken lassen, die zuckenden Mundwinkel des berufsmäßigen Zynikers für einen Augenblick entspannen. Die Protestszenerie brauchte die Konfrontation, um sich zu formieren. Im symbolischen Duell mit den Mächtigen wurde sie zum Medienereignis, und nur als Medienereignis konnte sie globale Attraktivität erlangen. Daß sie um das Wie öffentlichkeitswirksamer Inszenierungen weiß, ist ihr wohl nicht vorzuwerfen. »Aufmerksamkeit ist die Währung, in der sich Anerkennung berechnet. Und solche Aufmerksamkeit wird den Protestierern nur aufgrund der Randale zuteil.« (Isolde Charim)[2]

Aber das malerisch zelebrierte Gewalt-Chaos täuscht auch. Die Straßengewalt hängt nicht mehr Ideen von der »Propaganda der Tat« an, auch nicht autonomen Phantasien der Schaffung befreiter Zonen durch Straßenmilitanz, wie das noch in den sechziger und siebziger Jahren gang und gebe war, und selbst der romantischste Street-Fighter wird kaum noch im Ernst die These verfechten, die Auseinandersetzung zwischen oben und unten werde durch irgendeine militärische Begegnung in den Straßenschluchten ent-

DIE MULTITUDE BEI DER ARBEIT – *Tute Bianche, Göteborg, 2001*

schieden. Die Gewalt hat so gesehen kaum mehr eine besondere Bedeutung, abgesehen von ihrem medialen Effekt. Heute wird die brennende Barrikade an ihrem PR-Wert gemessen, und darum sollte Gewalt, bitteschön, nur in homöopathischen Dosen verabreicht werden – kräftig genug, um die Schlagzeile zu sichern, mehr aber nicht.

Doch die Dynamik moderner Mediengesellschaften läßt für derartige Dosierungen nur wenig Spielraum. Nachdem schon beim EU-Gipfel in Göteborg schwedische Polizisten kopflos autonome Street-Fighter unter Feuer nahmen, erwartete alle Welt von Genua einen neuen Kick, so wie ein Süchtiger die Dosis steigern muß. Dies folgt zunächst der »Logik der Sucht«, wie die deutsche Autorin Elke Schmitter schrieb: »Die seltene Intensität, die diese Anti-Gipfel erzeugen, fordert eine Wiederholung und, wo möglich, eine Steigerung.«³ Und die Logik der Sucht schlägt um in die Logik der Schlacht. Die italienische Regierung behandelte die Demonstranten wie Kriegsgegner und glaubte, sie könne die Aufmärsche klein halten, indem sie mit einem Infokrieg im Vorfeld Angst verbreitet: Da wurde in der Presse lanciert, zusätzliche Kühlhäuser und Särge seien für die zu erwartenden Toten bereitgestellt. Währenddessen trainierten die Tute Bianche die Straßenmilitanz im Carlini-Stadion und bestimmten ein siebenköpfiges Gremium, das – wiewohl »plural zusammengesetzt« (so die Formulierung, die Kritik an dem Comandante-Gestus schon vorab kontern sollte) – in der Art eines Generalstabs die Züge mit Hilfe eines internen Infosystems über Funk dirigierte. Das ist zwar nie verkehrt bei großen Demonstrationen, doch schwebte über der Szenerie nervöse Spannung wie über einem Duell – als bahne sich ein Unheil an, das alle ahnen. Die Nerven lagen blank.

Am Ende lag der 23jährige Carlo Giuliani tot auf dem Asphalt. Er hatte versucht, einen Feuerlöscher auf ein Polizeiauto zu werfen, ein junger Carabinieri schoß ihm aus dem Jeep direkt ins Gesicht. In den Tagen darauf wurde auch im Info-System des radikaleren Flügels der Bewegung, dem Web-Netzwerk »Indymedia«, die Frage gestellt, »wie dieses Eskalationsniveau erreicht werden konnte«. Es war ein großes Erschrecken. »Nach Genua wird nichts mehr so sein wie vorher«, sagte Luca Casarini, einer der Sprecher der Tute Biance.

Nach Genua war die Szenerie der No Globals, die erste wahrhaftig globale Bewegung, in ihrer ersten großen Krise. Zwar proklamierte der »Spiegel«: »Eine neue, erstmals wirklich internationale Protestgeneration heizt Politikern und Konzernchefs ein – und zwar zu Recht«, und die »Zeit« fragte: »Genua 2001 – war das die Geburtsstunde einer neuen linksradikalen Bewegung?«⁴ Aber nicht wenige fragten sich, ob die unstrukturierte Szenerie, die ja mehr ein Gefühl repräsentierte, die von Stimmungen abhing, die noch immer eher nur ein Symptom war für aufgestaute Frustrationen in den Metropolen, ob also diese Szenerie die demoralisierende Einsicht überstehen könnte, daß sie sich in eine quasi-militärische Sackgasse begeben hat, in der die spirale Logik von Gewalt, Gegengewalt, Eskalation und abermaliger Eskalation herrscht.

Zunächst bereiteten sich die amerikanischen Gruppen darauf vor, Genua noch zu übertreffen. Ende September, nur zwei Monate nach der Schlacht von Genua, sollte das wildeste Protestakkato beginnen, das die junge Geschichte der »World Tour Against Capitalism« (wie es im Popstil auf T-Shirts heißt, die reißenden Absatz finden) bisher erlebt hatte: zunächst die Aufmärsche gegen die Tagung von Währungsfonds und Weltbank in Washington und dann, im November, der Marsch auf die Wall Street in New York. Der Kampf gegen Kapitalismus, viehischen Kommerz und die Weltherrschaft der nackten, baren Zahlung sollte in das Herz der Bestie getragen werden.

Doch dann flogen eines Morgens zwei Flugzeuge in die beiden Türme des World Trade Centers in New York. Und daraufhin wurde die globalisierungskritische Bewegung ein zweites Mal totgesagt, nur diesmal schon mit der Inbrunst tieferer Überzeugung. Jetzt sei der Ernst eingebrochen in die westlichen Gesellschaften, jetzt sei Schluß mit den antikapitalistischen Späßen. Von diesem Schlag, so wurde annonciert, werde sich diese Bewegung nie wieder erholen. Vor einem Monat noch, schrieb die »Financial Times« Anfang Oktober 2001, »war der Antikapitalismus nicht bloß eine Bewegung, er war eine allgemeine Stimmung«, aber nun sei die Szenerie »ihres Momentums beraubt«[5] (das *welch ein Glück* war im Subtext nur schlecht verborgen). Und zwar aus ein paar praktischen und ein paar grundsätzlichen Gründen. Zunächst weil es wohl nach dem Massaker vom 11. September keine allzuweit verbreitete Lust mehr gäbe, in amerikanischen Innenstädten zu demonstrieren oder gar Räuber und Gendarm zu spielen. Solches Straßenkampf-Entertainment habe ja immer etwas leicht Frivoles; zudem würden die Sicherheitsmaßnahmen, die zur Abwehr terroristischer Gefahren ergriffen wurden, auch die Möglichkeiten linker Gruppen empfindlich einschränken – Massenaufmärsche an neuralgischen und symbolisch gewichtigen Orten würden einfach nicht mehr genehmigt; und außerdem könnten die No Globals, die gerade noch eine schier magnetische Wirkung auf Journalisten aus aller Welt ausübten, mit keinerlei Öffentlichkeit mehr rechnen – die Aufmerksamkeit hatte sich von *Smash Capitalismus* ab- und dem Thema *Zerschlagt al Qaida* zugewandt.

Neben diesen eher praktischen Nachteilen kam hinzu, daß al Qaida die Legitimationsbasis des jugendlichen, militanten Antikapitalismus durchaus erschütterte. Umwehte die Aktivisten zuvor der Ethos einer neuen, moralischen Generation, die sich bestenfalls als ein bißchen naiv und anfällig für plumpen Populismus schelten lassen mußte, so hob nun bei manchen Kritikern die Frage an, ob es denn nicht ein leises Einverständnis zwischen No Globals und Osama bin Ladens Terrorschwadronen gäbe. Der Anti-Kommerz-Appeal der Globalisierungskritiker und der Zorn der Islamisten auf den geist-, glaubens- und wertelosen Westen; das Ressentiment europäischer Marktkritiker gegen die kapitalistische Hegemonialmacht USA und der antiamerikanische Furor von al Qaida; dieses verbohrte Verteidigen kultureller Eigenarten gegen kapitalistische Homogenisierungstendenzen, sei es in Form der Liebe zu französischem Käse und des Hasses auf McDonalds, sei es der Dreßcode von Bart und Tschador oder das Verbot von Musik durch die Taliban – entspringen all diese vergleichbaren Sentiments nicht nahezu identischen Motiven, wurde gefragt? Plumper Antikapitalismus jedenfalls, der vorher noch als Ausdruck rührender Naivität durchgegangen wäre, wurde von nun an als klammheimliches Einverständnis mit dem Terror wortreich verdammt. Wenn ein junges Mädchen auf einer Demo in Berlin bekundete, es werde wegen ein paar tausend toter Börsenbroker in New York nicht gleich in Tränen ausbrechen, und die Frage stellte, was das Ereignis von Ground Zero denn eigentlich privilegiere gegenüber Tausenden Hungertoten täglich, so galten diese Wortmeldungen von nun ab als Ausweis der kranken Hirne europäischer Linksradikaler. Als in Genua auf einer Hauswand neben dem roten Stern auch noch der Spruch auftauchte »Fly Osama Airlines«, da war endgültig klar: Diese juvenilen Kapitalismuskritiker sollten nicht länger verniedlicht werden, sie seien »jung, gut ausgebildet – und gefährlich«, wie es das britische Polit-Magazin »The New Statesman« formulierte.[6] Zu allem Überdruß gingen den No Globals auch noch die Großevents aus, gegen die man hätte demonstrieren können. Denn die G-8-Gipfel und WTO-Tagungen wurden perfiderweise zunehmend in demosichere Gebiete verlegt, etwa in die arabische Wüste oder in die Rocky Mountains.

Erstaunlicherweise hat die anschwellende globale Protestszenerie auch diese zweite Krise weitgehend unbeschadet überstanden. Man kann ohne weiteres von zwei dramatischen Einschnitten sprechen – zum einen ein gewisses Totlaufen der Anti-Gipfel-Mobilisierungen, zum anderen die Wende mit dem 11. September –, die einen Perspektivenwechsel der Bewegung nach sich zogen. Im brasilianischen Porto Alegre kamen 2002 und 2003 mehr als hunderttausend Aktivisten zum Weltsozialforum zusammen (ebenso viele fanden 2004 ihren Weg ins indische Bombay), mit den kontinentalen Foren – etwa dem Europäischen Sozialforum 2002 in Florenz, 2003 in Paris und 2004 in London – wurden regionale Events geschaffen. Vor allem in Frankreich, Deutschland und Österreich schwoll das globalisierungskritische Netzwerk Attac auf beträchtliche Größe an. Seine Sympathiewerte sind ähnlich hoch wie einst die von Greenpeace. Der Ruf »Eine andere Welt ist möglich« schlug, bei all seiner Simplizität, Millionen in den Bann. Die Szene ist agil, schnell, flexibel und global. Sie hat zwar ein paar weltweit bekannte Celebrities – Toni Negri, Michael Hardt, Lori Wallach, Naomi Klein, Susan George, Noam Chomsky, Jose Bové –, funktioniert aber eher nach dem Modell der »NGO-Schwärme« (»The Economist«), die aus dem Nichts kommen, sich niederlassen, zusammentun, wieder verschwinden und so fort. Ein Netzwerk ohne Kommandohöhen, derweil aber geübt in zielorientierter Kommunikation, wenn es darum geht, sich auf ein, zwei Dinge zu verständigen. Es ist in gewissem Sinne zwar strukturiert, aber doch nicht in klassischer Weise organisiert. Man kennt sich derweil, hat ein paar Erfahrungen miteinander gemacht und weiß, wie man miteinander umgehen muß – auf dieser Basis können unorthodoxe Gewerkschafter, alteingesessene NGOs, philippinische Antiimperialisten, US-amerikanische Think Tanks oder brasilianische Landarbeitergruppen in einen gemeinsamen Austausch treten.

Als im Frühjahr 2003 die Kriegsvorbereitungen für den Irakfeldzug wie ein grauer Gewitterschleier über der Welt hingen, die transatlantische Verspannung im großen Showdown vor dem UN-Sicherheitsrat mündete, kam manches zusammen: Die Zeit, in der Engagement als uncool galt, war vorüber; der Konsens der Generation der in den siebziger und achtziger Jahren Geborenen, war aufgekündigt – dieses augenzwinkernde Einverständnis damit, daß die Welt eben schlecht ist; eine Prise Antiamerikanismus. Und es gab schon ein paar Erfahrungen gemeinsamen Aktivismus, man wußte, wen man anrufen, wem man eine E-Mail schreiben muß, wenn man etwas tun will. Es hatte schon lange in der Luft gelegen, man hat das riechen können, aber viele waren dennoch überrascht vom »alten Protest in neuen Klamotten«

(»Die Zeit«)⁷. Der Typus des »zynischen Untertans«, des »großen Durchschauers gesellschaftlicher wie medialer Rituale, der sich nichtsdestotrotz oder gerade deswegen in der Unabänderlichkeit der Verhältnisse kommod eingerichtet hat«, war plötzlich out. »Mit der Globalisierung, mit sinkenden Zukunftschancen und Terrorangst, zieht die Suche nach einem authentischen, unkorrumpierenden Sound Kreise.«⁸ Popsternchen nahmen ihre Music-Award in »War is not the answer«-T-Shirts entgegen, der Musiksender VIVA ersetzte sein Bildschirmlogo durch das Peace-Zeichen, und am 15. Februar 2003 demonstrierte in fast allen Ländern der Welt die neue Friedensbewegung. Mehr als zehn Millionen Menschen gingen auf die Straße.

Statt von der Generation Golf war nun von der Generation Golfkrieg die Rede.

II.

Man tut sich schwer zu beschreiben, was das alles überhaupt ist. Es fehlt geradezu an passendem Vokabular. »Bewegung« paßt nicht recht, »Szenerie« ist solch ein Hilfsausdruck, dessen Nutzen gerade in der Tatsache liegt, daß er ein wenig unpräzise ist. »Manchmal wird das ›Bewegung von Bewegungen‹ genannt«, sagt Michael Hardt, als Co-Autor des Theoriewälzers »Empire« gewissermaßen der Verfasser einer der Bibeln der »Bewegung«. Das ist, sagt er, »das Neue an dieser Netzwerkstruktur. Milieus, von denen wir dachten, sie seien unvereinbar, sind fähig, zusammenzuarbeiten, ohne ihre Unterschiede zu leugnen«. Erstaunlich ist die Renaissance eines Universalismus, auf veränderter Grundlage aber. Nach 1968 wurde der große Weltblick, der alle Probleme durch ein großes Prisma betrachtete, ja verabschiedet. Das Resultat waren – abgesehen von Entpolitisierungstendenzen –, die Partikularismen der »sozialen Bewegungen«: die einen engagierten sich gegen Umweltzerstörung, die anderen gegen Kinderarbeit, die dritten für die Frauenrechte oder die Homo-Ehe. Jetzt wird das wieder integriert: Man ist für beziehungsweise gegen das alles (wobei jeder seine Schwerpunkte hat), darüber spannt sich aber ein Dach von Globalkritik. Vernetzung ist der Schlüsselbegriff: brasilianische Gewerkschaftsführer und französische Bauernaktivisten in heiterer Kollaboration mit C-4-Professoren aus Bielefeld oder philippinischen Anti-Multi-Agitatoren. In diesem weiten Feld gibt es selbstverständlich nicht selten einen Krach der Kulturen.

Attac, beispielsweise, ist eine globale NGO, die Marktregulierung im Sinne einer keynesianischen Globalsteuerung auf transnationaler Ebene durchsetzen will. Sie vertritt im Grunde klassisch sozialdemokratische Positionen und hat eine stark etatistische Schlagseite, weil sie eben auf Maßnahmen der Regierungen setzt, auf supranationaler Ebene, aber auch auf nationalstaatlicher. In der französischen Szene, besonders in den einflußreichen Zirkeln um die Zeitschrift »Le Monde Diplomatique«, driftet dieser Sozialstaatstraditionalismus bisweilen ab in ein altväterlich-republikanisches Pathos, das nicht ganz frei von nationaler Frömmelei ist.

Eine völlig andere Kultur repräsentieren wiederum die meisten Aktivisten in den USA, die stark geprägt sind von zivilgesellschaftlichem Individualismus und weitgehend unberührt von traditionellen Parteiformen. Die Zentren des Protestes gleichen eher Pressure-Groups und Think Tanks, die mit den klassischen Formen des politischen Lobbyismus des amerikanischen Systems manche Ähnlichkeit aufweisen. Eine der paradigmatischen Figuren ist Lori Wallach, die mit ihrer NGO »Global Trade Watch« (einem Subverein von Ralph Naders »Public-Citizen«-Gruppe) die Proteste von Seattle organisiert hatte.

Eine zierliche Frau von Anfang Vierzig mit dicken Brillengläsern, die Kleidung unauffällig, die im Notfall aber auch als elegant durchgeht, hat sie nichts von einer Krawallmacherin. In Harvard zu einer brillanten Wirtschaftsanwältin ausgebildet, hat sie gewissermaßen die Seiten gewechselt. »Ich werde als ziemlich radikales Ärgernis angesehen«[9], sagt sie und lacht. Rastlos ist sie unterwegs zwischen Davos und Porto Alegre, New York und Berlin. Wir treffen uns, als sie einen kurzen Zwischenstopp in einem Wiener Hotel einlegt, bevor sie mit den Zug zur nächsten Veranstaltung abfährt. Lori Wallach spricht in diesem Midwest-Englisch, das klingt, als würde sie fünf Kaugummis gleichzeitig kauen, und das in so atemberaubender Geschwindigkeit, daß einem bald die Ohren wackeln. »Meine Arbeit sieht so aus: Ich gehe zu einem Kongreßabgeordneten und fordere ihn auf, eine bestimmte Position einzunehmen. Wenn er das nicht tut, wird er gefoltert bis zu dem Tag, an dem er es tut.« Die Frau hat so gar nichts von radikalen Globaltheoretikern und auch nichts von moderaten Dampfplauderern, sie ist irgend etwas anderes. Sie rattert detailversessen gegen das Prinzip des unbeschränkten Marktzuganges, übersetzt die Gatt- und WTO-Sprache. »Ich kam in diese Rolle, weil ich eine der wenigen Wirtschaftsanwälte innerhalb der Bewegung bin und weil ich fließend die Sprache der Gatt- und WTO-Welt spreche.«

Nach den Krawalltagen von Seattle erlangte sie Kultstatus, vor allem ihres Organisationstalentes wegen. Man fragte sich, wie sie so viele Menschen aus so vielen Ländern in eine Stadt bringen konnte, die von Sicherheitskräften eigentlich abgesperrt war. Das liberale Außenpolitik-Magazin »Foreign Policy« widmete ihr gar eine Cover-Story. Titel: »Lori's War.« An dem Tag, an dem Seattle als Tagungsort festgestanden hatte, »haben wir buchstäblich alle unsere Kreditkarten gezückt und haben jedes Hotelzimmer reserviert, das wir bekommen konnten«, erzählt sie, »über 2000 Menschen brachten wir in den Wohnungen normaler Familien unter«. So saßen die Demonstranten schon in der Innenstadt, bevor die Sicherheitskräfte mit ihren Absperrungsmaßnahmen überhaupt begonnen hatten. Dieser sehr praktische Zugang, der stark an Aktionsformen von Greenpeace oder von Ärzte ohne Grenzen erinnert, unterscheidet sich grundlegend von Formen des Engagements, wie man sie in Lateinamerika oder in Europa kennt.

Auch in hiesigen Breiten gibt es signifikante Unterschiede. Wird, wie gesagt, in Frankreich, Deutschland und Österreich die Szene stark von Attac dominiert, so ist das in Italien beispielsweise wiederum ganz anders. Hier sind eher die »Disobbedienti«, die aus den spektakulären Auftritten der Tute Bianche hervorgingen – zupackenden Radikalen, die bei Demonstrationen in geschlossenen Formationen und weißen Overalls auftraten –, stilbildende Kraft. In Genua war ihre Anziehungskraft unübersehbar. Ihren Körper hatten sie mit Schaumstoff, Reifen, Helmen, Gasmasken und selbstgemachten Schildern geschützt und als Waffe des zivilen Ungehorsams eingesetzt. Keineswegs so gewaltgeil wie die Autonomen des Schwarzen Blocks, sind sie aber mitnichten »gemäßigt«. Durchaus theatralisch, versuchen sie eine »neue Sprache« direkter Aktion zu finden. Sie sind stark geprägt von der italienischen Tradition der »Arbeiterautonomie« und deren Theoretiker, Toni Negri. Das Konzept der »Multitude«, einer eigensinnigen, rebellischen »Vielheit«, über das noch ausführlicher zu Reden sein wird, ist paradigmatisch für die Disobbedienti. Jüngst haben sie sogar beschlossen, ihre weißen Overalls, immerhin ihr Markenzeichen, abzulegen, um in der »Multitude« aufzugehen. Sie sind unüberhörbar von den Zapatisten in Chiapas beeinflußt. »Wir stehen mit unseren Füßen im 21. Jahrhundert«, heißt es in einem Strategiepapier einer der Gruppen. Und in einem anderen: »Wir sind eine Armee von Träumern, das macht uns unbezwingbar.« Aus Inseln des Widerstandes wollen sie ein Boot machen, »das andere trifft und neues entdeckt«. Das mag ein wenig überspannt klingen, immerhin aber unternehmen die Zirkel die Anstrengung, Politikformen zu entwickeln, die den Bedingungen der Gegenwart angemessen sind: der Abkehr von Parteien, der mangelnden Effektivität traditioneller nationalstaatlicher Politik, der globalen Kooperation differenter Traditionen und nicht zuletzt der theatralischen Dimension alles Realen. Die Berliner Autorin Katja Diefenbach hat deshalb nicht ganz unrecht, wenn sie schreibt: »Gegenüber der Sedierung des Politischen bei Attac sind die Tute Bianche Ecstasy.«

Es ist ein großes Tohuwabohu in dieser »Bewegung von Bewegungen«. Da veranstalten die kritischen Wissenschaftler und Basisaktivisten von »Raisons d' Agir«, die vom verstorbenen Soziologie-Guru Pierre Bourdieu organisiert worden waren, Tagungen; subversivere Geister engagieren sich in »Kein Mensch ist illegal«-Kampagnen, und wer es lieber theatralischer hat, begibt sich mit der »Volxtheaterkarawane« auf Tour. Da gibt es welche, die auf eher klassische Weise in den Mainstream wirken wollen, andere, die auf exzentrische Art ihren Distinktionsbedürfnissen Ausdruck verleihen, wieder andere, die alle bisher geübten Weisen politischen Aktivismus transformieren wollen; die einen wünschen sich sozialstaatliche Regulierungen, andere irgendeine Form von Revolution; die einen wollen mehr, die anderen weniger Globalisierung. »Ich bin da sehr pragmatisch«, sagt Susan George, lange Jahre Vizepräsidentin von Attac in Frankreich und einer der Stars der »Bewegung der Bewegungen«. Daß die soignierte alte Dame mit schlohweißem Haar jemals Schulter an Schulter mit einem jungen Radikalen marschieren könnte, mag man sich nicht recht vorstellen. Nachdem wir uns längere Zeit ausführlich in einem eleganten Hotel in der Wiener Vorstadt über die neuen Revolten unterhalten haben, setzen wir uns gemeinsam ins Taxi. Madame George zieht es in die exquisiten Kunstschauen im Museumsquartier.

Distanz zu jugendlichen Heißspornen, denen gelegentlich auch das Herz übergehen mag, verspürt die kultivierte Dame aber keineswegs: »Laßt uns doch einfach ein paar einzelne Schritte machen. Jeder Erfolg, den wir erzielen, öffnet einen Raum. Ich glaube nicht, daß irgendeine dieser Fragen, die Sie angesprochen haben, uns in absehbarer Zeit auseinander bringen wird. ... Es hat doch keinen Sinn, unfruchtbaren Streit anzufangen.«[10]

III.

Wer sich ein wenig tummelt in den Szenerien, die hier beschrieben sind, dem wird das alles vertraut, fast zu vertraut erscheinen. Der wird das alles gar nicht mehr erstaunlich finden, obwohl eine Reihe von Tatsachen in höchstem Maße bemerkenswert sind. Erstens: Verblüffend ist, daß es diese »Bewegung von Bewegungen« angesichts des großspurigen Soziologengeredes über die unpolitische, nur mehr an ihrem Ich interessierte Generation überhaupt gibt, daß sie eine Anziehungskraft auf Milieus von Jugendlichen hat, die man gerade noch als abgeklärt und angepaßt analysiert hatte, als auf materialistische Werte und Aufstieg fixiert. Zweitens: Daß eine solche heterogene Szenerie irgendwie zusammenarbeiten kann. Drittens: Daß sie von Energien gespeist wird, die es ihr offenbar erlauben, schwere Krisen produktiv zu überstehen. Viertens, und das ist womöglich der erstaunlichste Umstand, der bisher noch gar nicht richtig gewürdigt wurde: Die Bewegung hat den Anschluß an jenes Milieu geschafft, das mit einer etwas herablassenden Vokabel bisweilen »Kulturschickeria« genannt wird. An die Blase aus Konzeptkünstlern, Vernissagen-Publikum und Theorie-Milieu, die Deleuze-Derrida-&-Co-Gemeinde und die Heiner-Müller-Look-a-likes. Zirkel, die sich die letzten zwei Jahrzehnte in ihren Distinktionsgesten gegenüber »den Engagierten« gefielen, über die sie die Nase rümpften, und indessen an Begriffen für die Welt feilten, während höchstens ein paar begriffslose Gutmenschen versuchen konnten, sie zu verbessern. Es ist da wieder etwas zusammengewachsen, was sich irgendwann Ende der siebziger, Anfang der achtziger Jahre getrennt hatte.

Damals hatte sich der Weg gegabelt, weil sich nach dem »roten Jahrzehnt« (Gerd Koenen), das dem Wendejahr 1968 gefolgt war, Ernüchterung breit machte. Die linksradikalen Kadergruppen hatten sich in ihrem zunehmend schrägen Paralleluniversum verpuppt, und die eher Gemäßigten hatten sich entweder auf ihrem »langen Marsch durch die Institutionen« der linkssozialdemokratischen Fadesse verschrieben oder pflegten die ermüdenden Rituale der Basis- und Alternativbewegungen und später der Grünen. Mit der kulturellen und subkulturellen Avantgarde waren alle diese Phänotypen linken Engagements längst nicht mehr kompatibel. Unter irgendwie kritisch-bewegten Jugendlichen oder unkonventionellen Jungakademikern gab es fortan zwei Ausprägungen, die neben- und scharf getrennt voneinander existierten. Entweder man war auf irgendeine, auch schon wieder traditionelle Weise links oder, wie das hieß, »engagiert« – oder man interessierte sich für moderne sozialphilosophische Tendenzen, las französische poststrukturalistische Theorie, hörte avancierten Pop, guckte experimentelle Filme, kleidete sich von Kopf bis Fuß in Schwarz und hatte dunkel umrahmte Brillen auf, die ästhetisch den Kassengestellen nachempfunden, dafür aber sündteuer waren. Man war auf Theorien und Kunst orientiert und pflegte einen eigenen Habitus. Die alten Glaubenssätze von der »Emanzipation des Subjekts« hatte man elegant abserviert: Nicht nur der Begriff »Emanzipation« war aus der Mode gekommen, auch die Idee vom Subjekt wurde demontiert. Aus Frankreich kommend, hatte sich das postmoderne Denken wie eine Flutwelle durchgesetzt und mit ihm die Gewißheit, der Mensch sei nicht Herr im eigenen Haus, er sei durchfurcht und zerspalten und dezentriert – er existiere gewissermaßen gar nicht. Logischerweise hatte man auch für all die simplen Vorstellungen von der politischen Indienstnahme der Kunst in diesem Milieu nur Spott und Häme parat – seien es die Ideen von subversiven Interventionen durch Aktionismus und Situationismus, seien es die von einem politisch-moralischen Auftrag engagierter Großschriftsteller, denen einst Jean-Paul Sartre oder Heinrich Böll und bis in unsere Tage Günter Grass anhingen. Doch Grass galt eben als belächeltes Faktotum. Weder gab es in der Mainstream-Kultur Platz für den strengen Moralisten, der regelmäßig sein J'accuse erhebt, noch war dies in der Subkultur eine Zeit der politisch aktiven Theorie-Freaks und Poplinken.

Und heute? Heute ist das wieder total anders, und diese radikale Transformation ging fast wie selbstverständlich über die Bühne, so daß sie gar nicht weiter aufgefallen ist. Da hat der im Herbst 2004 verstorbene Dekonstruktions-Guru Jacques Derrida mit Jürgen Habermas den 15. Februar 2003, den Tag der globalen Friedensdemonstrationen, als Geburtsstunde einer europäischen Öffentlichkeit gefeiert; dann wettert der Wiener Schriftsteller Robert Menasse, dessen Roman »Die Vertreibung aus der Hölle« zu den literarischen Ereignissen des Jahres 2002 gehörte, »gegen die Zerstörung des Planeten und die Beschneidung historisch errungener Freiheiten« durch den sich als alternativlos feiernden Kapitalismus, preist die »Ketzer und Häretiker«, die »etwa bei den Globalisierungskritikern« heranwachsen.[11] Und jenseits dieser Großdenker und -literaten hat sich längst eine stabile Szenerie eines Radikalismus entwickelt, der nicht mehr altbacken ist, sondern schick – und doch Bescheid weiß um die Aporien des Engagements, über die enge Grenze, die rebellische Gesten vom Radical Chic trennen. An Staatstheatern wird über den Kommunismus nachgedacht; große Kunstschauen, wie etwa die jüngste Documenta 11, werden durch ein Politik- und Theorieprogramm flankiert, in dem allgemein über Chancen »radikaldemokratischen Aktionismus« räsoniert, aber auch ganz praktisch über Formen von »Widerstand« und »zivilen Ungehorsams« berichtet wird. Es wird getan, gemacht, zu unterminieren versucht, wo das eben noch möglich ist – durchaus im Bewußtsein, daß »kaum ein Handeln möglich ist, welches die Koordinaten dieses Systems überschreitet«, weil der Kapitalismus »permanent Widersprüche integriert, verwaltet, fruchtbar macht«, daß das »Problem von Subversion unter spätkapitalistischen Bedingungen« darin liegt, daß »Subversion zur Funktion des Systems selbst geworden ist« (Katja Diefenbach). Der Habitus dieser Szene ist nicht mehr der des Distinktionsgewinns vis-à-vis den Engagierten, sondern eher eine Haltung des unmöglichen Engagements – ein Tun, das um seine eigenen Ambivalenzen weiß. In Katja Diefenbachs Worten: »Die Dissidenz ist flüchtig.«

Natürlich gibt es weiterhin diese gewisse, eigenartige Liebe zum Verschwurbelten und diesen leicht elitistischen Blick avancierter Diskurs-Jockeys auf all jene, die nicht soviel wissen, die sich einfach so aus moralischer Empörung engagieren, die dies in eher klassischen Formen tun, die – horribile dictu – vielleicht gar die Sozialdemokratie nicht für das letzte halten, die nicht so tolle Trash-Chic- und Designer-Outlet-Klamotten tragen und die den Sound aus Differenz, Multitude, Postfordismus, Biomacht, und wie die Code-Worte alle heißen, nicht so gut drauf haben. Und es gibt auch diesen Böse-Buben-Habitus, wie er etwa im

Umfeld der Berliner Volksbühne gut gedieh, der bei nicht wenigen den Eindruck erweckt, er genüge sich selbst. Aber das ist nicht so wichtig. Mode ist immer elitär und kreist um einen scharfen Sinn für Exklusivität. Gerade deswegen aber gilt: Ohne dieses Zusammenwachsen von Kunstszene und Poplinker, von modernisierter postautonomer Szene mit Engagiertenmilieus, die bis in den Mainstream hineinreichen, wäre Protest nicht wieder hip geworden.

Warum das so kam, ist schwer zu sagen, wahrscheinlich braucht es einen Mix an Erklärungen. Zunächst, dies ist die naheliegendste und zugleich simpelste Deutung, folgt das alles einer Logik der Konjunkturen. Daß es nach den Überspannungen der sechziger und siebziger Jahre Ermüdungserscheinungen gab und eine Abkehr von einem Aktivismus, der längst zur Routine erstarrt war, ist klar. Zugleich war helleren Köpfen deutlich geworden, daß die gesellschaftlichen Realitäten des postfordistischen Kapitalismus mit den Theorien, die man sich aus entlehnten Ideologiebruchstücken aus dem 19. und der erste Hälfte des 20. Jahrhunderts zusammengemischt hatte, nur mehr mit Gewalt in Übereinstimmung zu bringen waren. Die Brandreden der Post-Achtundsechziger gegen »die Herrschenden« klangen seltsam falsch, und was daran schieflag, konnte man auf den Begriff bringen, wenn man sich etwa mit Foucaults Machttheorien beschäftigte; man wollte nicht mehr in »der Arbeiterklasse« aufgehen, sondern »sein Ding« machen – und adelte das, bestenfalls, indem man es mit Theorien über »minoritäre Praktiken« zu einer strategischen Neuorientierung erklärte. Was aber zunächst in der autonomen Szene sproß, mit ihren besetzen Häusern, Stadtteilinitiativen, die dort, wo sie überlebten, zu neuen Arten von Dienstleistungsbetrieben wurden mit einem hohen Niveau von kommunikativen Fertigkeiten, diffundierte in die Gesellschaft und traf dort auf ähnliche Gestalten: die Kreativen, die »Unternehmer ihrer Selbst«, die »Marke Ich«-Protagonisten, die ihrerseits ihr Ding machen und sich regelmäßig selbst erfinden. Und so, wie erstere mit dem Markt und dem Kommerz, den sie eigentlich verachteten, ganz gut zurechtkommen konnten, so haben letztere die Grenzen des Marktes, dem sie ihre Existenz verdankten, sehr schnell zu spüren bekommen. Die materielle Existenz der neuen Dienstleister ist immer prekär, ihr Selbstbild fordert von ihnen permanente Kreativität, und doch müssen sie die Aufträge, die da kommen, mit Handkuß annehmen. Während die beamteten Propheten der freien Marktwirtschaft mit ihren Verträgen auf Lebenszeit (wie an den Wirtschaftsforschungsinstituten) oder ihren eleganten Abfindungsregelungen (wie in der Privatwirtschaft) den Kapitalismus als alternativlose Wirtschafts- und Gesellschaftsordnung feierten, den es durch einen stetigen Furor von Reformen von allen Fesseln der Sozialstaatlichkeit und des Kollektivismus zu befreien gelte, so daß sich das unternehmerische Selbst ungehindert entfalten könne, so wissen diese Selbst-Entrepreneurs um das Schale an diesen Versprechungen – sie sind nämlich die paradigmatischen Figuren dieses neuen Kapitalismus. Das Paradoxe ist nun: Die Theorien über das postmoderne Selbst, das nicht Objekt einer es beherrschenden Macht ist, sondern Teil einer Machtkonstellation, durch die sich »das Kapital«, »die Macht« gleichsam durchfrißt, Theorien, anhand derer eine ganze Kohorte von Achtziger-Jahre-Intellektuellen den Ausstieg aus dem Engagement begründete, führten nun wieder schnurstracks in das Engagement hinein. Man hatte sich Inseln, Nischen erkämpft und sich aus Verwertungszusammenhängen – nie konsequent, doch nach eigener Laune – ausgeklinkt. Der urbane Großstadtjugendliche, der mit wenig Geld auskommt, am Rande steht, aber permanent tätig ist, liest, ausgeht, Musik macht, programmiert, Videos dreht etc. ist, wie Katja Diefenbach schreibt, »eine majoritäre Figur des Minoritären geworden«. Soll heißen: zum Role-Modell. Oder, um das mit den einfachen und skeptisch-pathetischen Worten der Jule aus Hans Weingartners brillanter Antiglobalisierungskomödie «Die fetten Jahre sind vorbei» zu sagen: »Wild und frei leben, das will doch jeder Zweite.« Nur fühlt sich diese »majoritäre Figur« jetzt selbst durch Globalisierung, die Ausweitung der Marktzone, die Verschlankung des Staates zunehmend bedroht. Weil die Nischen, in denen das Imperativ des Ökonomischen sistiert wurde, unübersehbar den kolonisierenden Angriffen des Total-Ökonomismus ausgesetzt sind.

Hinzu kommt dann noch mancherlei: Die heute 30jährigen sind mit Chancenverknappung konfrontiert. Ihre Vorgänger, die Börsenboom-Generation, die vom schnellen Reichtum träumte, ist gerade abgestürzt – den jungen Erwachsenen von heute wird dagegen annonciert, es sei für sie im Grunde schon vorbei, bevor alles noch angefangen hat. Ein inneres Angstgefühl breitet sich aus. Weiters: Die sozialen Belastungen, denen die Unterprivilegierten ausgesetzt sind, der Streß, den »Reformen« und Reformdiskurs auch den Mittelschichten auferlegen, aber auch die stetige Beleidigung für die menschliche Freiheit, die von einem System ausgeht, das sich selbst als alternativlos setzt. Nicht jeder würde das für sich zu formulieren wissen, doch jeder spürt es, irgendwie: das Fehlen eines Außen, eines möglichen »es könnte auch anders sein«; dieser Mangel an eminenten Wahlmöglichkeiten hat eine Leere hinterlassen und sorgt für schlechte Stimmung.

In nur wenigen Jahren hat sich darum ein Bild von der Welt durchgesetzt, das differenziert und simpel zugleich ist. Differenziert, weil jeder weiß, daß es nicht so leicht einen Ausweg aus der paradoxen und unbefriedigenden Lage gibt – daß es nicht die drei, vier, fünf Maßnahmen gibt, die man nur durchsetzen muß, um den gesellschaftlichen Zug wieder auf ein besseres Gleis zu setzen; daß selbst die Kritiker des Kapitalismus keine Alternative zu diesem kennen; daß es wohl eher um partielle Gegenstrategien, um Dissonanzen gehen wird, die kreuz und quer verlaufen, als um traditionelle Aufstände und Konfrontationen, in denen die »Beherrschten« den »Herrschenden« die Gefolgschaft kündigen. Und doch ist das Bild, das da aus dem Nebel auftaucht, auch ein ziemlich simples: Hier die globalisierten Eliten in ihren grauen Business-Suiten, in ihren Tagungs- und Konferenzhotels, Flughafenlobbies und Bürohäusern aus Stahlbeton (oder dem unvermeidlichen Berlin-Mitte-Marmor), jenseits von Raum und Zeit, Gefühlszombies, Figuren ohne Eigenschaften, die nur Zahlen im Kopf haben; und da alle anderen, diese schillernde Buntheit aus Exkludierten, kleinen Leuten, Vorstadt-Kids, Künstlern und Lebenskünstlern, die bisweilen in Depressionen verfallen, von denen viele aber auch einen Zustand heiterer Dissidenz pflegen. Man genügt sich darin, nicht dazu zu gehören. Gegenüber der Idee, auch nur den Versuch einer Organisierung dieser Szenerie zu unternehmen, herrscht heftige Skepsis.

Einig ist man sich in den düsteren Verwünschungen gegenüber der »globalisierten Herrenschicht« (Konrad Adam in der »Frankfurter Allgemeinen Zeitung«!), die der Dramatiker Rolf Hochhuth zum Thema seines paradigmatischen Stückes »McKinsey kommt« gemacht hat. Gewiß kann man gegenüber Hochhuth manche Reserve hegen, vor allem seiner literarischen Fähigkeiten wegen, doch eines wird ihm kaum jemand abstreiten: eine Witterung für Trends. Nun sagt er, wutschnaubend: »Es wird eine Revolution kommen.«

2. Klassenkampf in Disneyworld

Politische Kritik in Zeiten des Entertainments.
Wie sich Michael Moore eine Fangemeinde sichert,
indem er das Unrecht bekämpft.

Oh yeah, here he comes! Der berühmteste Linke der Welt! Der unterhaltsamste Klassenkämpfer dieses Globus! Der Entertainer unter den Sozialkritikern! Der Mann, der mit Pointen auf George W. Bush schießt, als kommandiere er über Cruise Missiles. Michael Moore, Amerikas dickste Smart Weapon: Lachen für den Frieden, Witzeln gegen Rechts, Pointen für den Regime Change in Washington. Das Publikum tobt, sei es in der Berliner Columbiahalle oder ein paar Tage später im Wiener Volkstheater, noch bevor der schräge Typ auch nur ein Wort gesagt hat. Da erlangt einer mit linker Kritik einen Kultstatus, der ihm Tourneen beschert wie ansonsten nur den Rolling Stones. Die ganze Woche hätte er in Berlin bleiben und täglich vor vollem Haus auftreten können, erzählt er, in Wien spult er sein Programm zweimal hintereinander ab, einmal um sechs, einmal um acht Uhr abends. Sitzplatz bleibt in beiden Fällen keiner frei.

Er kommt, legt los, und kaum jemanden hält es auf den Sitzen. Michael Moore ist erstaunlich. Ein politischer Prediger in einer an beißender Rhetorik armen Kultur oder simpel »die beste Vorstellung, die ein Starkomiker den von gutem Kabarett nicht unbedingt verwöhnten Deutschen bieten kann« („Süddeutsche Zeitung«)? In jedem Fall ein begnadeter Entertainer, mit einem großen Repertoire von Stimmen, von Tonlagen: dem brummenden Baß für den amerikanischen Rechten, den hohen Flötenton für die Europäer, eine säuselnde Kopfstimme für die Gutmenschen und und und. Michael Moore ist der Großmeister

SMART WEAPON – *Michael Moore, der berühmteste Linke der Welt, 2002*

und zugleich der reine Typus des erstaunlichen Trends: der Verwandlung von Kritik in Pop.

Trotzdem ist Michael Moore einzigartig. Michael Moore ist die Celebrity unter den Protest-Celebrities. Er ist, wie die »Weltwoche« so schön schrieb, »unser liebster Amerikaner«. Darin steckt, daß Moore nicht nur in Europa so Furore macht, weil er der hiesigen Amerikakritik die Stichwörter gibt, sondern daß er selbst in einem so eminenten Sinn amerikanisch ist. Moore, der Einzelkämpfer. Moore, Stimme der schweigenden Mehrheit, die nicht zum Schweigen gebracht werden kann. Der Mann, der seinen Privatkrieg führt, in dem er selbst seine Hauptwaffe ist: ein

»pseudo-naiver Unterklassen-Eulenspiegel« (so der Kasseler Historiker Thomas Clark)[12], der seine Gegner dazu bringt, sich bloßzustellen, der die Welt verändern will, indem er simple Fragen stellt. Moore, eine Art Dissident, dem sie das Mikro abdrehen, wenn er bei der Oscar-Verleihung sein »Shame on you, Mr. Bush« ausstoßen will. ER gegen SIE. Da vergißt man fast, daß SIE IHM vorher den Oscar verliehen haben; daß Moore mit seinen Büchern dies- und jenseits des Atlantik seit fast zwei Jahren an der Spitze der Bestsellerlisten liegt, daß »Bowling for Colombine« der erfolgreichste Dokumentarfilm aller Zeiten war – bis er von »Fahrenheit 9/11«, Moores jüngstem Produkt, abgelöst wurde. »The people's filmmaker« – »Filmemacher des Volkes« – hat ihn der britische »Guardian« genannt.

»Ich nehme es als Zeichen, daß sich die Öffentlichkeit von der Rechten abgewandt hat und daß die Zeit reif ist für eine Bewegung, die sich für ein paar von den guten Dingen einsetzt, die endlich realisiert werden sollten«, schrieb Moore im Vorwort zu seinem Buch »Dude, where's my country?«, das unter dem Titel »Volle Deckung, Mr. Bush« auf deutsch erschien.

Es ist etwas Verstörendes um Moore. Das beginnt schon bei der Frage, was Moore denn eigentlich genau ist. Ein ernstzunehmender Kritiker? Oder ein Komödiant? Seine Bücher sind gespickt mit Zahlen und Statistiken, seine Filme sind Dokumentationen, also Non-Fiction, voller Behauptungen aus der Welt der Fakten. Doch erwischt man ihn bei Ungenauigkeiten oder bei etwas freihändigem Umgang mit Tatsachen, dann erwidert er: »Wie kann es Ungenauigkeit in Comedy geben?« Der Übergang von beißender Satire zu dieser gewissen, typisch amerikanischen bombastisch-pathetischen Ernsthaftigkeit ist oft fließend – und ernst ist es Moore zweifellos mit seiner Befürchtung, daß Amerika vor einer wirklichen autoritären Gefahr steht.

Irritierend ist auch das Verhältnis von Volk und seinem Verstärker in Moores Selbstdarstellung. »Ich stehe nicht alleine, sondern verkörpere die Mitte der amerikanischen Mehrheit. Dutzende Millionen amerikanischer Bürger denken so wie ich.« Nur haben die keine Möglichkeit, sich Gehör zu verschaffen. Moore spielt den Verkünder der bitteren Wahrheiten, die ohne ihn, den lonely truth teller, ungesagt blieben. Zwar versieht er seine Auftritte immer mit Aufrufen wie: »Es wird Zeit, daß ihr eure Ärsche hochbekommt.« Aber das Setting ist doch von der Art, daß Moore der Star ist, der bitterböse Bücher schreibt und bissige Filme macht – und die Massen, anstatt zu revoltieren, sich Kinokarten kaufen. Chronisch pessimistische Nörgler meinen darum, der Mann, der mit Kamera, Mikrophon und Baseballmütze als Retter der Unterklassen daherkommt, sei selbst eher ein Symptom der Krise der Linken, weil er der paradigmatische Linke in der Sound-Bite-Society sei. War die Linke nicht einmal stolz darauf, daß ihr Gedankengut eben von einer gewissen Komplexität ist, die sich von der populistischen Schwarzweißmalerei ihrer Gegner notwendigerweise abhebt? Es ist natürlich ein bißchen humorlos, so zu fragen, wie man überhaupt schon Humor braucht, wenn man Moore toll finden will.

Schließlich schafft es Moore, und das ist vielleicht das erstaunlichste, abgedrehten Witz mit einer sehr plumpen linken Weltsicht zu verbinden. Denn politisch ist Moore, wie die Briten sagen würden, »very old labour«, eine kauzige Mixtur aus Gregor Gysi, Sarah Wagenknecht und einer Fuhre Hamburgern. Moore meint, daß die anständigen Armen arm sind, weil die Reichen gerissen und böse sind, und will, daß amerikanische Sportschuhe von Amerikanern in amerikanischen Städten wie Burlington oder Flint produziert werden und nicht in Sweatshops in Indonesien. Ziseliertere Kapitalismuskritik darf man von ihm nicht erwarten. Allerdings ist Moore gar kein Kapitalismuskritiker im strengen Sinn. »Moore nimmt alles persönlich«, schreibt Larissa MacFarguhar in ihrem großen 14-Seiten-Porträt Moores im »New Yorker«. »Er hat keinen Zorn auf den Kapitalismus, nicht einmal auf Multis; er hat einen Zorn auf Roger Smith, den Boss von General Motors, und auf Philip Knight, den Boss von Nike. Er kämpft auch nicht gegen den Krieg; er kämpft gegen Rumsfeld, Cheney und Bush.«[13] Aber auch wenn man weiß, daß die Dinge oft komplizierter sind, als sie bei Moore scheinen, kann man seine Interventionen doch funny finden, irgendwie erfrischend in ihrer Polemik, in ihrer Schroffheit.

Und sich zerkugeln, etwa wenn er sich in einem seiner Streifen (»The Big One«, 1997) darüber mokiert, daß »United States of America« doch ein reichlich dröger Name für das mächtigste Land der Welt ist, während etwa eine kleine Insel das Wort »Great« im Namen führt – Great Britain; und vorschlägt, man solle Amerika einfach in »The Big One« umbenennen und als Hymne gleich »We will rock you« (Wir werden euch ins Wanken bringen) wählen; und in einem schnellen Cut eine Menschenmasse ins Bild rückt, die »We will rock you« singt.

Moore hat eine eigene Kunstfertigkeit, blöd zu fragen. Ein Kapitel in seinem neuen Buch beginnt folgendermaßen:

»Was ist die schlimmste Präsidentenlüge? *Ich hatte keine sexuellen Verhältnisse mit dieser Frau, Miss Lewinsky.*

Oder … *Er hat Massenvernichtungswaffen – die tödlichsten Waffen der Welt – die eine direkte Bedrohung für die Vereinigten Staaten, unsere Bürger, unsere Freunde und unsere Alliierten darstellen.* Eine dieser Lügen brachte einem Präsidenten ein Impeachmentverfahren ein.«

An einer anderen Stelle erinnert Moore daran, daß Osama bin Laden ein Araber, ein Islamist und ein Multimillionär ist. Seit Amerika Jagd auf Terroristen macht, werden

Araber und Moslems schon mal vorsorglich ins Gefängnis gesteckt, auch wenn sonst nichts gegen sie vorliegt. »Warum sagen wir nicht, anstatt verdächtige Araber einzukreisen, ›Oh Gott, ein Multimillionär hat 3000 Leute umgebracht. Schnappt euch die Multimillionäre! Steckt sie ins Gefängnis! Wir brauchen keine Beweise, keine Prozesse! Werft die Multimillionäre raus!‹«

Natürlich betreibt Michael Moore Komplexitätsreduktion, stellt abenteuerliche Bedingungszusammenhänge her und rührt daraus Bilder zusammen, die grell sind und keine Schattentöne kennen. »Waffen töten Menschen nicht. Amerikaner töten Menschen«, heißt es in »Bowling for Columbine«, oder in seinem Buch »Volle Deckung, Mr. Bush« formuliert Moore lapidar: »Wir haben nichts zu fürchten außer George W. Bush«. Moore produziert simple Wahrheiten und versucht sich auch als simplen, geraden Typen zu inszenieren. Tatsächlich ist das alles höchst kunstvoll arrangiert und mitnichten simpel. Einen Dokumentarfilm zu drehen über die Entindustrialisierung des mittleren Westen (»The Big One«) oder über den Waffenkult und die Angstlust der Amerikaner (»Bowling for Columbine«) und damit zu unterhalten, das verlangt höchste Kunstfertigkeit. »Es ist ganz schön schwierig und tricky, Leute in ein und dem selben Film zum Lachen zu bringen und doch auch ein Gefühl für Tragödie und Traurigkeit aufkommen zu lassen«, gesteht Moore, »also die Tragödie nicht durch Komik zu trivialisieren und die Leute doch nicht völlig niedergeschlagen aus dem Vorführungssaal zu entlassen.« Er bringt einen zum Lachen – und im nächsten Moment zum Weinen.

Daß dies gelingt, ist um so erstaunlicher, als Moore von einem Amerika erzählt, das bei Gott nicht sexy ist, von dem Amerika, aus dem er selbst stammt – der mittlerweile 50jährige voluminöse, häßliche Boy mit dem Watschelgang, den ausgewaschenen Jeans, die irgendwo in den Kniekehlen hängen, den gräßlichen Brillen und den unvermeidlichen

Baseball-Caps. Moores Amerika ist identisch mit seiner Heimatstadt Flint, einem von Gott verlassenen – und auch vom größten Arbeitgeber General Motors abgeschriebenen – Flecken irgendwo im gesichtslosen amerikanischen Mittelwesten. »Moore ist auf eine Art aus Flint, wie Odysseus aus Ithaka war«, schrieb eine amerikanische Kritikerin in einer schönen Sentenz. Und so sind seine Filme auch von einer tragischen Nostalgie durchzogen, von der Erinnerung an ein Goldenes Zeitalter, von Roosevelts New Deal bis zu Johnsons Great Society, in dem die kleinen, dicken Leute noch davon träumen konnten, die »hard working people« seien das »Salz der Erde«, »the salt of the earth«. Von der Erinnerung an das Amerika, das Woody Guthrie besang, wo sich die Zukunftszuversicht mit Egalitarismus paarte und in dem der Patriotismus linker Spielart herrschte, dem Richard Rorty noch vor ein paar Jahren in seinem Buch »Stolz auf unser Land« nachhing. Moore, Sohn einer irisch-amerikanischen Arbeiterfamilie mit starken katholischen Wurzeln, ist auch Zeitzeuge einer untergegangenen Epoche. Aufgewachsen in einer Zeit, in der man in die Schule ging, weil es hieß, dann stehe einem der Weg zum Aufstieg offen, und in der es noch nicht Usus war, seine Mitschüler und Lehrer mit automatischen Waffen niederzumähen. Sein Studium hat er abgebrochen, ein Vorgang, der sich in Moores Worten so liest: »Genau genommen habe ich mein Studium nie offiziell abgebrochen. Eines schönen Tages kurvte ich in meiner Collegezeit auf der verzweifelten Suche nach einem Parkplatz über das Campusgelände von Flint. Es war ganz einfach kein Platz mehr frei – jede Lücke war belegt, und niemand fuhr weg. Nachdem ich eine Stunde lang vergeblich meinen 69er Chevrolet Impala durch die Blechkolonnen bugsiert hatte, rief ich zum Fenster hinaus: ›Okay, das war's, ich gehe!‹ Ich fuhr nach Hause und sagte meinen Eltern, ich hätte das College geschmissen.«

In der Folge versuchte er sich in Flint als linker Zeitungsmacher, später als Journalist beim progressiven Traditionsblatt »Mother Jones«, von dem er, damals wohl schon ein Egomane, in Unfrieden schied. Als General Motors-Manager Roger Smith in Flint – Moores geliebtem Flint! – die Autoschmiede schleifen ließ, drehte Moore darüber den Film »Roger & Me« und schaffte den Durchbruch als Dokumentarfilmer. Schon damals hieß es, der Film hätte besser »Roger & ME, ME, ME!« geheißen, so notorisch ist in Moores Filmen die Hauptperson der Filmemacher selbst. Man kann diese Art, sich ins Bild zu rücken, penetrant finden – allein, die Masche zieht; like it or not, it works! Moore gegen das Unrecht! In der Hauptrolle: Moore. In der Nebenrolle: das Unrecht. »Person become product«, nennen die Amerikaner das.

Moore liebt dramatische Gesten. Wenn er in eine Corporation eindringt, welche Arbeiter ausbeutet oder Waffen produziert, um dort die PR-Dame zu quälen, kommt er daher mit der Wucht einer Naturkatastrophe. Auch plagt ihn keine falsche Scheu vor Kitsch. Wenn eine Frau bei einer seiner Buchpräsentationen erzählt, sie sei heute gekündigt worden, und dann in Tränen ausbricht, nimmt Moore sie bei laufender Kamera in den Arm, tröstet sie. Eine gute Szene, findet Moore, und schon ist sie in einem Film gelandet. Weinende Frauen umarmt er überhaupt gerne, so auch die Lehrerin in »Bowling for Columbine«, die unter Tränen erzählt, wie ein sechsjähriger Schuljunge eine sechsjährige Mitschülerin vor ihren Augen durchsiebt hatte.

Michael Moore ist also: kitschig, egomanisch; populistisch, daß es oft schmerzt; er versimpelt die Dinge; man kann es auch unehrlich finden, wenn einer den Boy from Flint und Rächer der Enterbten markiert und längst in einem Zwei-Millionen-Dollar-Appartement in New York mit Blick auf den Broadway residiert. Und dennoch ist Moore irgendwie auch großartig. Er trägt dem Umstand

Rechnung, daß man Leute, will man sie in einer Ära des Entertainments erreichen, unterhalten muß. Wenn der Kampf um die Hegemonie in allen Sphären der ideologischen Formierung der Gesellschaft ausgetragen wird, dann ist das, was Michael Moore betreibt, sozusagen Klassenkampf in Disneyworld. Der Held eines solchen Klassenkampfes wird notwendigerweise selbst ein bißchen zur Mickey Mouse. Und Moore ist natürlich viel klüger, als er sich stellt. Er wagt sich weit vor auf dem Grat des Populismus, fällt aber nie hinab in den Abgrund der Unsäglichkeiten, der krausen, phantastischen Verschwörungstheorien, er gibt den linken Patrioten und kriegt doch noch die Kurve, bevor er in den Chauvinismus kippt. Man muß ziemlich klug sein, um plump und dennoch hell zu denken. »›Die Hauptsache ist, plump denken lernen. Plumpes Denken, das ist das Denken der Großen‹, meinte Brecht«, hat Walter Benjamin notiert. Michael Moore hat es darin zu großer Meisterschaft gebracht.

Seine schrägen Assoziationen, die immer auch Grenzüberschreitungen sind, eröffnen ein neues Blickfeld, machen gewissermaßen klüger; fordern tut Moore aber sein Publikum gewiß nicht. Wenn jemand an simpel gestrickte Verschwörungstheorien glauben will, dann wird er von Moore zwar nicht in schroffster Explizität in diesem Glauben bestärkt, dazu ist Moore zu gescheit; aber implizit sehr wohl. Er kann in einem Moment den Kosovo-Krieg mit den brutalen Shoot-Outs vergleichen, die amerikanische College-Boys unter ihren Mitschülern und Lehrern anrichten, und kurz darauf den Oberbefehlshaber dieses Krieges, General Wesley Clark, bei seiner Bewerbung um die demokratische Präsidentschaftskandidatur unterstützen. Moore ist da sozusagen nicht kleinlich. »I have a big tent« – »Ich habe ein großes Zelt« –, mit diesen Worten quittiert er Kritik, wird ihm vorgehalten, er würde einem halbdebilen Antiamerikanismus Vorschub leisten.

Dabei stimmt natürlich: »Michael Moore ist eine Macht in seiner Heimat, ein Phänomen; ein noch größeres Phänomen aber ist er in Deutschland« und anderswo in Europa, wie Andreas Kilb in der »Frankfurter Allgemeinen Zeitung« anmerkte.[14] Die polarisierte amerikanische Gesellschaft, mit der ohnmächtigen Zorneswut des linksliberalen, demokratischen Amerika auf die bigotten Konservativen auf der einen Seite und der aggressiv-polemischen Rechten, die im Stakkato ihre demagogischen Sinnfetzen abfeuert, auf der anderen, bildet Moores natürlichen Resonanzraum. Er ist nicht verstehbar ohne die schrille Hysterie der Erzkonservativen in den elektronischen Medien, die die Sehnsucht wachsen ließ, die Linke solle dem doch einmal einen groben Klotz entgegensetzen.

In Europa ist Moore nicht der Dissident, sondern wird als Kronzeuge, weil Erzamerikaner, gegen die Großmachtpolitik der US-Regierung und als Prophet eines besseren Amerika nahezu verehrt. Er ist somit auch Projektionsfläche der eigenen Stereotype, einerseits Produkt der amerikanischen Kultur, andererseits Zeuge der stets vorausgesetzten amerikanischen Kulturlosigkeit. Klassische antiamerikanische Traditionsbestände von rechts wie links werden zweifelsohne wachgerufen: die tiefe Abscheu gegen seelenlosen Dollarkapitalismus, gegen die Weltmacht des Kommerzes, wie sie nationalkonservative und linke Kritiker gleichermaßen hegen, die Identifikation Amerikas mit einem kapitalistisch-imperialistischen Aggressor, wie dies in der Sprache linker Orthodoxie heißt. Ressentiments werden vielfach verschoben und transformiert: das Ressentiment des urbanen, liberalen Amerika gegen primitiv-rassistische Südstaaten-Rednecks wird in Europa aufgegriffen, aber schnell gegen die große Mehrheit der Amerikaner gewendet, denen ein Hang zur Hinterwäldlerei und simpler Seichtigkeit unterstellt wird. Damit unterscheidet sich aber das Ressentiment, das der halbaufgeklärte Westeuropäer gegen die biederen Mittelwestler oder die bigotten Amerikaner aus dem Bibel-Belt hegt, kaum von der Herablassung, mit der deutsche Großstädter, etwa aus Berlin oder Frankfurt, über maulfaule Mecklenburger Küstenbewohner oder bayrische Bergdörfler reden. Und die Begeisterung, die Moore entgegenschlägt, hat gewiß auch mit einer starken Identifikation mit Amerika zu tun – dem Amerika der unbegrenzten Möglichkeiten, dem Schmelztiegel Amerika, das seit jeher ein Symbol ist für den Aufbruch in bessere Zeiten und für das Neue, und sei es das »schlechte Neue«, von dem Brecht sagte, es sei allemal dem »guten Alten« vorzuziehen. Die schärfsten Kritiker Amerikas sind sehr von amerikanischer Kulturindustrie geprägt, und das, was wie antiamerikanischer Furor erscheint, ist oft der Versuch, das Amerika der Woodstock-Generation, das Amerika Bob Dylans zu verteidigen, und hat mit dem Gefühl zu tun, dieses Amerika werde von einem bigotten texanischen Milliardärssproß kaputtgemacht. Wie weit ist Amerikakritik also von einer Identifikation mit Amerika geprägt, und wo fängt der Antiamerikanismus an? Darüber kann man lange streiten, die einfache Identifikation der europäischen Michael-Moore-Mania mit plumpem Antiamerikanismus ist mindestens ebenso plump wie dieser.

Aber es stimmt natürlich auch: Moore wird gewiß niemandem, der ihm applaudiert, zurechtweisen, daß er dies doch bitte nur aus politisch-korrekten Gründen zu tun hat. So wie es ein »universelles Kennzeichen des modernen Kapitalismus ist, daß oppositionelle Haltungen nicht verfolgt werden, sondern vermarktet«[15], so sind für Moore die Leute im Publikum nicht nur Mitstreiter, sondern auch Kunden. Er bedient sie, und sie sorgen dafür, daß er tun kann, was er für richtig hält, daß er »sinnvolle« Filme machen kann; daß er nicht zu Geldgebern betteln gehen muß, um seine Projekte zu finanzieren. »Ja, ich bin ein Multimillionär, weil Multi-Millionen mögen, was ich mache«, sagt Moore. Das ist die schlichte, kommerzielle Logik auch bei der Kritik in Zeiten des Entertainments: je publikumswirksamer, also kommerziell erfolgreicher ein Kritiker ist, um so leichter ist es für ihn, seine Kritik zu äußern; um so mehr aber ist er auch gezwungen, die »Marke« erfolgreich und erkennbar zu halten. Er muß unablässig »an der Marke arbeiten«. Und, paradox, aber wahr: er profitiert gleichzeitig vom Setting, das er bekämpft. Auch wenn er seine Forderung, daß sich etwas ändern müsse, ganz strikt ernst meint, kann er seine Position nur bewahren, wenn sich nichts ändert. Das ist sein großes Dilemma.

Pointiert formuliert: Michael Moore wäre nicht geworden, was er wurde, wäre ihm nicht ein großes Glück widerfahren – daß ihm in George W. Bush ein kongenialer Konterpart geschenkt wurde.

3. Positive Thinking

*Denken der Revolte I: Das Glück hier und jetzt packen.
Der erstaunliche Altersruhm von Toni Negri und der
Hype um »Empire«.*

Der alte Herr ist auf seltsame Weise schön, nichts an ihm ist berserkerhaft. Der Körperbau, die Arme, die Finger – feingliedrig. Sein Lächeln ist einnehmend, und das Gewinnende daran ist wohl, daß es so scheu ist. Alles an ihm strahlt aus: Freundlichkeit. Nichts: leidenschaftliche Militanz. Am rechten Handgelenk trägt er eines jener geflochtenen Freundschaftsbänder, wie es in den frühen achtziger Jahren bei pubertierenden Teenagern zum alternativen Dreßcode gehört hat. Grazil ist die Gestik, mit der er seine Argumente unterstreicht, und der melodische Klang seines Italienischen hat einen eigenen Sound. Man könnte ohne Ende zuhören, auch wenn man kein Wort versteht. Dieser sanfte Habitus kontrastiert frappant mit dem Ruf, der Antonio Negri vorauseilt. Seit drei Jahrzehnten ist er der Stichwortgeber des italienischen Linksradikalismus, seit ein paar Jahren rund um den Globus gefeierter Theorie-Star der Globalisierungskritiker. Und doch paßt diese stille, beinahe in sich gekehrte messianische Heilsgewißheit auch wieder zu dem, was der Mann mit einem leisen Lächeln um die Mundwinkel sagt: »Das Kapital hat seine materielle Fähigkeit verloren, zu befehlen.« Ende 2003 murmelte er im Wiener Universitätscampus: »Es herrscht nur mehr auf rein parasitäre Weise. Wir können uns radikal neu organisieren. Wir gehen einfach weg. Wir bauen neue Strukturen für die Singularitäten.«

Wenn Negri spricht – oder schreibt –, dann immer in einem solch schweren hermetischen Jargon, auf seltsam religiöse Weise überladen. Da wird nicht nur Analyse produziert, sondern ein längst aus der Mode gekommener Zukunftsoptimismus wiederbelebt, und dies in einer politologischen Prosa, die schwer verständlich ist und doch eingängige Bilder schafft – Bilder von der Freiheit der Subjekte, von ihrer Fähigkeit, ihre Lebensumstände selbst zu gestalten, ihrer Kraft, die Verhältnisse zu verändern, und davon, daß diese Verhältnisse – weit davon entfernt, unveränderbar zu sein – in Wirklichkeit solchen Veränderungen günstig sind. Daß er leise flüstert, unterstützt den Sog, dem man sich nur schwer entziehen kann: Noch in seiner Entrücktheit fasziniert er, Typus *Alter vom Berg*, der um so weiser erscheint, je unverständlicher das Zeug ist, das er von sich gibt. So beschwört Negri das »Glück, Kommunist zu sein«, und meint das ernst.

Die Mixtur scheint geglückt zu sein. Mit seinem Theoriewälzer »Empire«, gemeinsam verfaßt mit dem jungen amerikanischen Literaturwissenschaftler Michael Hardt, hat Negri, unlängst siebzig geworden, seinen Altersruhm begründet. Seit dem Erscheinen des schwer lesbaren, streckenweise dunkel raunenden, in anderen Passagen wieder romantisch-schwülen Werkes ist Toni Negri – wie er von aller Welt genannt wird – einer der großen Helden der Szenerie. In studentischen Proseminaren zwischen Berkeley und Berlin, in rebellischen Lesezirkeln zwischen New York, Rio und Bombay ist das Buch richtiggehend eingeschlagen. »Empire« ist mehr als der Versuch einer Analyse des gegenwärtigen Kapitalismus – »Empire« ist ein Ereignis geworden.

Etwas erstaunt, aber doch feierlich wurde das Buch, als die amerikanische Originalauflage im Jahr 2000 erschien, in der »New York Times« als »die nächste Groß-Idee«, als »Meister-Theorie« begrüßt. Frederic Jameson, selbst ein beinahe schon legendärer marxistischer US-Literaturtheoretiker, sah in »Empire« die »erste große theoretische Synthese eines anbrechenden Millenniums«, und Slavoj Žižek feierte das spröde Werk als »das ›Kommunistische Manifest‹ unserer Zeit«. Das Buch wurde ein Renner, in den einflußreichen Zeitschriften und Internet-Portalen der jungen Linksintelligenz entspannten sich endlos mäandernde Spiralen detaillierter und kontroverser Deutungen, und auch kaum ein Mainstream-Blatt kam um eine Würdigung herum. Schwer irritiert davon, daß es »einem verstockten alten Mann« gelinge, mit einer »fürchterlich autoritär-angeberischen Seminarsprache« zum Star einer neuen jungen Rebellengeneration zu werden, wandte sich etwa die Hamburger »Zeit« angewidert ab. Ganz anders der Ton in der ansonsten oft so betulichen »Frankfurter Allgemeinen Zeitung«: Rezensionen, so der Autor, hätten bei einem Werk wie diesem »fast etwas Unangemessenes«. Nicht, daß es »über Kritik erhaben wäre, im Gegenteil: aber offensichtlich geht seine Rezeption über das übliche Verhältnis eines Lesers zu einem Text hinaus«. Das Buch sei »vor allem als Symptom einer Erwartung interessant« – weil es »ein linkes Manifest des positiven Denkens« sei.

Der Erfolg von »Empire« zeigt zunächst, daß es offenbar einen Heißhunger des Publikums nach gesellschaftskritischen Großtheorien gibt, der, seit die Achtundsechziger grau geworden und der Marxismus aus der Mode gekommen waren, ungestillt geblieben ist. Der Umstand, daß das Buch schwierig ist, eine hermetische Sprache pflegt und man sich schon als Anhänger einer »Schule« zu erkennen gibt, wenn man es versteht, mit seinen Grundbegriffen nur halbwegs souverän zu jonglieren, hat dem Erfolg nicht geschadet – ganz im Gegenteil. Vertrackte Theoriesprache suggeriert ja immer auch Tiefgang und den Zugang zu einem elitistischen Geheimwissen und ist damit vollkommen unvermeidbar, wenn es darum geht, philosophische Moden zu begründen. Das Thema Globalisierung war zwar schon seit Jahren en vogue, beherrscht wurde das Feld aber weitgehend von Jeremiaden: darüber, daß der Kapitalismus gesiegt hat und nun, welthistorisch ohne Antipoden, in seinem Triumph alle und jeden unterjocht, an die kapitalistische Maschinerie anschließt, gewissermaßen als totes Anhängsel; darüber, daß in diesem Zuge der Kapitalismus sich aller sozialstaatlicher Fesseln entledigt und die Lebenschancen breiter Bevölkerungsschichten immer trister werden. Kurzum: Wer linke Bücher lesen wollte, mußte die Bereitschaft mitbringen, sich deprimieren zu lassen. Und weil das auf die Dauer aufs Gemüt schlägt, aber auch, weil das alles zu schwarz war, um wahr zu sein, blieb es nur eine Frage der Zeit, bis jemand den Versuch unternahm, dieses zappendustere Bild rosarot zu überpinseln.

Negri und Hardt stellen sich in »Empire« den selben Fragen wie die übelgelaunten Globalisierungskritiker, sie geben auf diese aber neue Antworten: Sie formulieren eine eigene Theorie der Globalisierung, die an die bisher üblichen Analysen anschließt, sie aber umformuliert; und sie wagen eine fundamental gegenteilige Deutung in Hinblick auf die Möglichkeiten radikaler, emanzipatorischer Akte innerhalb der neuen Gegebenheiten.

Zunächst bewegen sie sich durchaus im Rahmen gängiger Globalisierungsanalysen: Sie konstatieren den »Niedergang der Souveränität von Nationalstaaten«[16]. Doch daraus entsteht bei Hardt und Negri nicht eine Kakophonie der Post-Staatlichkeit, sondern eine neue Art von Ordnung: die Ordnung des »Empire«, das eine »einzige Herrschaftslogik eint«[17]. Das Empire ist »dezentriert und deterritorialisierend, ein Herrschaftsapparat, der Schritt für Schritt den globalen Raum in seiner Gesamtheit aufnimmt«[18]. Eine raffinierte Herrschaft ohne zentralen Ort der Macht, aber nicht unstrukturiert, die Negri und Hardt mit dem Begriff »Governance without Governement« zu beschreiben versuchen, als »Führung ohne Regierung«[19].

Zwei landläufige Meinungen, wie sie das nennen, weisen Hardt und Negri expressis verbis zurück: einerseits, »daß die gegenwärtige Ordnung irgendwie spontan aus dem Zusammenspiel grundlegend heterogener globaler Kräfte entstehe« – andererseits, die, daß jene Ordnung »das Diktat einer einzelnen Macht« sei. Ausdrücklich bestehen die Theoretiker darauf, daß die USA »nicht das Zentrum eines imperialistischen Projekts« bilden – »tatsächlich ist dazu heute kein Nationalstaat in der Lage«.[20] Eine Ansicht, die – das nur nebenbei gesagt – angesichts des grassierenden Antiamerikanismus im linken und linksliberalen Milieu die Deutung Negris und Hardts nur noch anziehender machte: Jenen, die ob des leicht simplizistischen Zungenschlags mancher Kritiker am »US-Imperialismus« Unwohlsein befiel, kam diese Behauptung wie gerufen.

Die kapitalistische Globalisierung, oder eben – in Negri und Hardts Worten – die Ordnung des Empire, wird durch Kommunikation organisiert. Kommunikation »organisiert den Lauf, indem sie Verbindungen durch Netzwerke multipliziert und ihnen eine Struktur gibt«[21]. Das Empire ist nicht bloß ein schwaches Echo des modernen Imperialismus, sondern eine grundlegend neue Herrschaftsform. »In diesem glatten Raum des Empire gibt es keinen Ort der Macht.«[22] Das heißt aber weder, daß es wie auf Autopiloten gestellt sich automatisch reproduziert und zufällig seine Resultate zeitigt, noch, daß nicht Mächte, im Plural, hier auf vielerlei Weise zusammenwirken. Im Gegenteil: Das Empire ist mächtig, es produziert seine eigenen Bilder, produziert nachgerade »große Erzählungen«, um »seine eigene Macht zu legitimieren und zu zelebrieren«[23]. Die Herrschaft schleicht sich in alle Poren und bis an die Peripherie – »jedes Segment der nichtkapitalistischen Umgebung wird unterschiedlich verändert«, der Kapitalismus »richtet die Gesellschaft vollständiger zu«[24]. Die Herrschaft wandert in die Subjekte ein, »die Art und Weise herrschaftskonformer gesellschaftlicher Integration und Exklusion ist entsprechend zunehmend von den Subjekten internalisiert«[25].

Das Buch versucht das Schwierige: radikal zu sein, ohne einfache Erklärungen zu forcieren. Die Netzwerkstruktur kapitalistischer Realität, in der es keinen Ort gibt, in dem das Böse hockt, wird beschrieben, für subjektive Niederträchtigkeit, für die die Linke Begriffe wie »Imperialist« oder »Ausbeuter« immer schnell bei der Hand hat, ist hier kein Platz. Und das Buch versucht auch das schier Unmögliche: zu beschreiben, wie dieses subjektlos prozessierende imperiale Prinzip auf die Subjekte zugreift, in diese einwandert, sie herrichtet, und doch darauf zu insistieren, daß Widerstand nicht nur möglich ist, sondern sogar immer aufs neue von dieser Realität produziert wird – und, umgekehrt, diese Realität in einer immerwährenden paradoxen Volte mitproduziert.

Was heißt das nun? Der postmoderne Kapitalismus löst alle großen Identitäten auf, nicht zuletzt jene homogene Einheit, die Karl Marx noch als »das Proletariat« beschrieb – das industrielle Arbeiterheer, organisiert nach dem Bild einer Armee, das in einer schroffen Dichotomie einer ebenso homogenen Gruppe, »der Bourgeoisie«, gegenübersteht. Das Vergehen dieses Großkonflikts – der von Beginn an etwas leicht Konstruiertes hatte – bedeutet natürlich nicht das Ende jeden Konfliktes und auch nicht, so die These von Negri und Hardt, das Ende strukturierender Konflikte. Ihr Ausgangspunkt hat etwas Exzentrisches und hebt sich schrill ab von den allermeisten konkurrierenden Deutungen des Prozesses der Globalisierung. Diese, verstanden als Auflösung des homogenen, wohlfahrtsorientierten Nationalstaates, sei nicht die Geschichte einer Niederlage der Arbeiterbewegungen, sondern sei angetrieben von deren historischem Triumph. Die Produzenten seien nicht mehr bereit gewesen, sich in den industriellen Prozeß hineinpressen zu lassen. Sie hätten dagegen rebelliert, fabrikmäßig organisierte, befohlene Arbeiten zu verrichten – und ihre Rebellion habe auf ganzer Linie gesiegt.

Der Kapitalismus sei gezwungen worden, seine Organisationsweise an diesen Triumph anzupassen. Er habe flexibler, digitalisierter werden, den eigensinnigen Produzenten Raum für ihre Kreativität lassen müssen. Aus den industriellen Arbeiterheeren habe sich die »Multitude« entwickelt, jene schillernde, bunte Menge, die Negri und Hardt beschwören: als »eine Vielfalt, ein Feld von Singularitäten, ein offenes Beziehungsgeflecht, das nicht homogen oder mit sich selbst identisch ist«[26]. Diejenigen, die immaterielle Arbeit verrichten, die viel zitierten Wissensarbeiter, sind die paradigmatischen Figuren des neuen Zeitalters.

Eine wahrhaftig paradoxe Erzählung: Die kapitalistischen Verhältnisse dehnen sich aus und »subsumieren die gesellschaftliche Produktion und Reproduktion, den gesamten Bereich des Lebens«[27], doch diese Unterwerfung ist Resultat des Triumphes des Eigensinns der vielen, und dieser Umstand beweist die Macht der Multitude, die Stärke ihrer Position, auch wenn im gleichen Atemzug konzediert wird, daß keine Nische der Gesellschaft, kein Flecken auf der Landkarte und kein Restbestand charakterlicher Innerlichkeit der Subjekte von der strukturierenden Gewalt des modernen Kapitalismus unberührt bleibt. Diese Multitude ist ein Schwarm moderner Heilsbringer, ein großes Tohuwabohu unzähliger Lichtgestalten. Diese »Romantisierung der Multitude« hat den Autoren auch von linker Seite einige Kritik eingebracht. Sie sei von »der militanten Religiosität derer, die glauben«[28], formulierte etwa Katja Diefenbach. All das sei »unglaublich kitschig, aber charmant«. Zur Multitude gehören einfach alle, die nicht spießig im Eigenheim leben: der Autonome mit der schwarzen Motorradmaske ebenso wie der frustrierte Werbetexter aus Berlin-Mitte, der Landlose in Brasilien und der individualistische Software-Programmierer mit seiner Ich-AG, zapatistische Rebellen, Künstler und Lebenskünstler. Daß sie nichts eint als die Gemeinsamkeit, nirgendwo dazuzugehören, ist aus dieser Perspektive eine Stärke. »Wir leben im Postfordismus«, resümiert der Wiener Philosoph Oliver Marchart, »jeder wird zu seiner kleinen Selbstausbeutungsmonade, das führt zu politischer Entsolidarisierung, Individualisierung usw. Dieses Problem beantworten Negri und Hardt nun nicht mit Lösungsvorschlägen, sondern behaupten vielmehr trickreich: Das Problem ist eigentlich die Lösung, dh., die neuen kleinen selbstausbeutungsjederseineigenerkleineruternehmermonaden sind das neue revolutionäre Subjekt.«[29]

Gewiß ist das alles ein bißchen schräg und spröde, und wer es darauf anlegt, spöttisch die Lippen zu spitzen, der wird keine allzu großen Schwierigkeiten haben. Freilich ist dem mit dem – selbst nicht von Ironie völlig freien – Argument zu kontern: Jede Theorie ist so gut, wie das, was man aus ihr machen kann (© Katja Diefenbach). Und aus der theoretischen Perspektive, die Negri und Hardt in »Empire« vorschlagen, kann man gewiß vieles machen. Ja, mehr noch: Bei aller Romantik und Schwüle bekommt sie die Realität besser in den Griff als manche einfachen, auf den ersten Blick leichter einsichtigen Thesen.

Als »Kampfansage an den Reduktionismus«[30] (Negri), der die Realität in den Griff zu bekommen versucht, indem er so viele Einzelheiten, Besonderheiten und Zufälligkeiten aus der Analyse ausschließt, bis zwar ein klar strukturiertes Konstrukt übrig, die Realität aber außen vor bleibt, ist der Begriff der Multitude gewiß hilfreich. Eine Perspektive, die sich von simplen Jeremiaden absetzt, wird den Wünschen, den Motivationen, den inneren Antrieben der Menschen in den westlichen Gesellschaften und den Widersprüchen in diesen Gesellschaften selbst mit Sicherheit eher gerecht. Während viele von der zersetzenden Kraft des Kapitalismus und der Tyrannei der Ökonomisierung aller Lebensbereiche in Angst und Schrecken versetzt werden, beharrt Toni Negri darauf, daß es »eine unglaubliche Kreativität gibt«, trotz aller negativer Tendenzen, »daß die Ambiguität immens ist« und es »kein Zurück gibt«[31]. Eine unübersehbare Zahl von Menschen hat sich Freiräume erobert, auch wenn diese immer prekär bleiben und die immerwährende Bedrohung dieser Freiräume für Lamento und Unruhe sorgt. Es gibt die Zurichtung aller Existenz durch Kommerz und Ökonomisierung, aber es gibt auch ein waches Bewußtsein darüber und die stetigen, vielen, kleinen Versuche, sich – und sei es nur da und dort – dem Herdentrieb zu entziehen. Die Menschen werden in Rollen gezwungen, aber gerade dann, wenn sie darüber Bescheid wissen, haben sie auch die Möglichkeit, aus diesen Rollen zu kippen. Der neuzeitliche Kapitalismus propagiert das Konzept des flexiblen Menschen, der Produkt äußerer Dressur und innerer Selbstdressur ist, der funktioniert wie die Unternehmen: jederzeit änderungsbereit. Und doch zuckt die Seele nicht im Takt des Betriebs wie einst Charlie Chaplins Körper noch nach der Arbeit in dem des Fließbandes. Es gibt so etwas wie Entfremdung, aber es gibt auch die Auflehnung gegen sie, den erfolgreichen Versuch der Subjekte, sich selbst zu erfinden, und die alltägliche Chuzpe, mit der dem System ein Schnippchen geschlagen wird. Im Rahmen dieser Ambivalenzen richten die Menschen ihre Existenz ein, und nur mit Hilfe des Verständnisses für Ambivalenzen wird man die Realität angemessen beschreiben können. Gewiß ist die Entfremdung im Kapitalismus eine schreckliche Sache. Nur sehen die, die Entfremdung am lautesten beklagen, in der Regel recht glücklich aus.

Auch wenn sie es mit viel und gewichtig klingendem Brimborium formulieren, ist es das etwa, was Negri und Hardt sagen wollen. Mit Hilfe des Revolutionsvokabulars tragen sie die Revolution zu Grabe. Vom »großen Augenblick«, dem »historischen Moment«, einer Idee, wie sie in aller linken Tradition so mächtig ist, bleibt nichts mehr übrig. Gesellschaftsveränderung ist keine Frage von Transzendenz mehr – etwas, was von einem Bruch ausgeht, jenseits dessen sich so etwas wie ein emanzipatorisches Reich der Freiheit eröffnet –, im Gegenteil. »Es gibt kein Zentrum der Macht, das man stürmen könnte. Sollen wir das Weiße Haus stürmen, oder die Wall Street? Das wäre absurd«, schüttelt Michael Hardt den Kopf und fügt leise hinzu: »Wir müssen politische Praktiken entwickeln, die nicht von der Vorstellung von Machtzentren infiziert sind.«[32] Wie soll man sich das vorstellen? Hardt: »Wir müssen lebendige Alternativen innerhalb unserer Gesellschaften aufbauen.« Das klingt doch eher nach einer langsamen, gemächlichen Transformation. Hardt: »Klar. Nur kann es in diesem Prozeß schon auch dramatische Augenblicke geben. Aber er wird dezentriert und disparat sein.« Die Veränderung, um die es geht, ist, kurzum, längst im Gang. Bei allem Träumen vom »großen Einschnitt« werden die vielen kleinen Einschnitte, die die Subjekte längst machen, übersehen. »Glück«, »Lust des Lebens« sind deshalb Schlüsselvokabeln dieses Unternehmens. Wer »sein Ding« macht, wie die Jungen sagen, verändert die Welt.

Diese Überlegungen machen das Produktive an den Thesen Negris und Hardts aus, und diese Produktivität wurde, trotz der hermetischen Sprache und des quasireligiösen Eifers der Autoren, gut verstanden. Dies ist das Geheimnis des erstaunlichen Erfolges der beiden Theoretiker. Dennoch bleibt ein unbefriedigender Nachgeschmack, ein Verlustgefühl, die Ahnung eines Verlusts an Freiheit. Denn die Idee vom »großen Moment« war auch die Idee von der »großen Freiheit«. Mögen die Verhältnisse und das Kontinuum der Geschichte die Menschen auch begrenzen, so haben sie – potentiell jedenfalls – die Chance in die Geschichte hineinzuspringen, das Kontinuum aufzusprengen. Die Revolutionsidee war darum auch die Idee von einem Augenblick, einem Ereignis totaler Freiheit – das war wahrscheinlich das Faszinierendste an ihr. Und deshalb

»DAS GLÜCK, KOMMUNIST ZU SEIN« – *Toni Negri vor Gericht, Rom, 1983*

versuchen, während Negri und Hardt sie begraben, andere gerade das Gegenteil – und wollen sehen, ob es nicht doch eine Möglichkeit gibt, etwas von dieser heroischen Konzeption totaler Freiheit zu bewahren.

Aber die Idee von der Revolution und die Idee von der Immanenz, wie Toni Negri sie vertritt, sind gegensätzlicher, als es die Akteure wohl vermuten mögen: Die Revolution ist etwas für Asketen, die warten können, Negris Revolte die passende Haltung für all jene, die jetzt, das heißt JETZT, HIER UND JETZT!, ausbrechen wollen. »Die Militanz – das Eintreten für die eigene Sache – eröffnet den Zugang zum Glück der Wahrheit und zur Lust des Lebens«, heißt es in Negris autobiographischem Versuch »Rückkehr«[33]. Handeln, kämpfen, heißt, etwas schaffen, so sein Credo, und er gesteht: »Tatsächlich habe ich die größte Angst davor, ohne Leidenschaft zu sein.«[34] Für den stillen alten Mann heißt Leidenschaftlichsein zuallererst: riskant denken. »Das Schönste ist es, ›gegen‹ etwas zu denken.«[35]

Er lächelt. Er spricht leise. Man sieht ihm sein Alter nicht an und auch die Jahre nicht, die er wegen Terrorismusverdachts im Gefängnis verbrachte, und ebensowenig ist von der inneren Leere zu spüren, von der er sagte, sie hätte sich in den Jahren im französischen Exil in ihm ausgebreitet. Negri ist gewinnend, und gleichzeitig ist der hohe Ton schwer zu ertragen. »Wir gehen einfach weg«, sagt er. »Wir bauen neue Strukturen für die Singularitäten«, und er macht dabei eine Handbewegung, so sanft, als streiche er zärtlich einer »Singularität« über die Haare.

4. Wählen ohne Wahlmöglichkeiten

Denken der Revolte II: Der exzentrische, global operierende Philosophie-Entertainer Slavoj Žižek.

Mit Symptomen schlägt sich Slavoj Žižek viel herum. Sie sind die geheimnisvollen Wegmarken, die etwas wirklich sichtbar machen im Meer des allzu offenkundig Sichtbaren, »im Sinne eines zweideutigen Zeichens, das auf einen verborgenen Inhalt verweist«[36]. Aber was, wenn ..., ja, was wenn Slavoj Žižek selbst in dieser Weise ein Symptom ist? Daß der slowenische Philosoph sich »beinahe schon sagenhaften Ruhmes« erfreut, wie Jörg Lau im »Merkur«[37] formulierte, sorgt zunehmend für aggressiv-nervöse Abwehr in Kreisen des soft-links-liberalen Mainstream, und auch wohlwollendere Beobachter fragen sich, wie zuletzt Rebecca Mead in ihrem zehnseitigen Großporträt im »New Yorker« über den »international star from Slovenia«, ob Žižek gar bloß als linker Intellektueller erscheint, »er in Wahrheit aber ein Komödiant ist«[38].

Žižek ist, so gesehen, selbst ein Symptom, nicht nur ein Symptom für den neuen Chic linker Gesten, für ein simples Unbehagen an der globalen kapitalistischen Kultur, für unbestimmte Ausbruchssehnsüchte. Sondern vor allem für die Hoffnung auf eine Radikalität, die weder altbacken-gutmenschlich noch zynisch-ästhetizistisch ist und die doch ohne falsches Pathos auskommt – und ebenso für die Schwierigkeiten, eine solche Radikalität zu realisieren. Žižek ist das Kontrastprogramm zu Negri, ernster und unernster zugleich. Ernster, weil er die Dilemmata, mit denen linkes Denken sich in der Postmoderne herumzuschlagen hat, nicht einfach mit religiösem Gestus beiseite schiebt; wenn Negri mit schwülem Pathos eine Behauptung in die Welt setzt, flüchtet sich Žižek lieber in die Ironie. Darum ist er auch unernster: Weil er diese Widersprüche und Selbstwidersprüche gewissermaßen zum Klingen bringt, das, was er behauptet, sofort wieder ironisch bricht, weil er sich zum Clown macht, da die Verhältnisse danach sind. Er stellt radikale Versuche an, und er macht sich selbst zum Einsatz in diesen Versuchen.

Der Versuch, das Experimentelle, das Spielerische ist das Handwerkszeug Žižeks, das Wortpaar »was, wenn ...« beschreibt den Kern seiner Gedankenbewegung. »Was, wenn ...« eröffnet den Horizont zur paradoxen Wendung, manchmal zur absurden Volte, immer zum unerwarteten Widerspruch. »Was, wenn ...« erlaubt aber auch, sich nicht allzu deutlich festzulegen. Mit »was, wenn ...« kann man, während man eine These entwickelt, einen Haken schlagen, insinuieren, es ist vielleicht das genaue Gegenteil dessen wahr, was man gerade ausführt – oder dessen, was der Common Sense annehmen würde. Und schließlich kann, wer »was, wenn ...« sagt, weit gehen, ohne zu weit zu gehen, etwas in den Raum stellen, ohne es fest zu behaupten.

Der Multikulturalismus, beispielsweise, ist doch eine schöne, linke Idee, gleichsam der theoretisierte Respekt vor dem Anderen. »Was, wenn dieser entpolitisierte Multikulturalismus die Ideologie des derzeitigen globalen Kapitalismus wäre?« fragt Žižek in einem solchen Fall.

Žižek versucht zu ergründen, ob es nicht doch Grenzen gibt, deren Verletzung eine emanzipatorische Perspektive bietet. In dem schmalen Band mit dem provozierenden Titel »Die Revolution steht bevor. Dreizehn Versuche über Lenin« stellt er die These auf, daß in der »Leninschen Lösung« ein »utopischer Funke war, der es wert ist, bewahrt zu werden«.[39] Warum das so ist, liest sich in der Žižekschen Gedankenbewegung so: Lenin hat die Hoffnung auf Freiheit in Rußland begraben, aber er hat auch einen Raum eminenter Freiheit eröffnet, die Möglichkeit »wirklicher radikaler Wahlfreiheit«[40]. Mit dem »wahnsinnigen« Voluntarismus seiner April-Thesen habe sich Lenin über alle Probabilitäten, über alle Sachzwänge hinweggesetzt. Die westlichen, postmodernen Gesellschaften hätten die Leninsche Geste verdrängt, weil diese sie daran erinnert, daß sie – trotz aller demokratischer Verfaßtheit – nur »kleine Wahlmöglichkeiten« auf Basis eines gegebenen und unhinterfragbaren »Sets von Bedingungen« bietet. Lenin, so Žižek, wird verdrängt, »nicht weil er ein ›Feind der Freiheit‹ gewesen wäre, sondern weil er uns an die Beschränkungen unserer Freiheit erinnert; nicht weil er uns keine Wahlmöglichkeiten bietet, sondern weil er uns daran erinnert, daß unsere ›Gesellschaft der Entscheidungsfreiheit‹ jede wirkliche Auswahl ausschließt«.[41] In »Die Revolution steht bevor« hat er das so formuliert: »Die Wahrnehmung, daß wir in einer Gesellschaft der freien Wahlmöglichkeiten leben …, ist die Erscheinungsform ihres genauen Gegenteils, des *Fehlens* echter Wahlmöglichkeiten.«[42]

Das ist schön ausgedrückt, da ist wahrscheinlich auch etwas dran, gleichzeitig ist der Argumentationsmodus ein wenig billig: Fast immer ist bei Žižek eine »Wahrnehmung« in Wirklichkeit eine »Erscheinungsform ihres genauen Gegenteils« – die Freiheit ist eine Erscheinungsform der Unfreiheit, das Gute eine Erscheinungsform des Bösen. Übrigens kommt das vice versa meist genauso gut. Daß es in einer Gesellschaft auf den ersten Blick an Wahlmöglichkeiten mangelt, könnte doch …? Bingo! … in Wahrheit die Erscheinungsform des genauen Gegenteils sein, Ausweis des Vorhandenseins noch echter Wahlmöglichkeiten.

Žižek ist mit Thesen wie diesen hip geworden. Seine Auftritte bürgen für volle Säle, ob in Wien, London oder New York. Seine Bücher behandeln Themen wie Hitchcock, den 11. September, die Oper oder loben die Intoleranz und sind in mehr als 20 Sprachen übersetzt. Vollbärtig, strubbelig, leicht untersetzt, abgetragene Hemden, ist er, was man so ein

Ereignis nennt. Wenn er Platz nimmt, um einen Vortrag zu halten oder ein Interview zu geben oder bloß ein Gespräch zu führen, erinnert er an das Prinzip des Viertaktmotors auf hohen Touren: regelmäßige, explosionsartige Verbrennung, schnelles Stakkato, fast hysterisch Gedanken produzierend, sitzt er da, bald schon in einer Pfütze Schweiß. Der Philosoph aus Ljubljana spricht dann in einem unverkennbar osteuropäischen High-Speed-English, macht hier eine konterintuitive Beobachtung, um ihr da seinen favorisierten Argumentationsmodus, das Paradoxon, anzuschließen – alles von der Art einer großen Assoziationsmaschine. Vielleicht ist er der einzige heute lebende Popstar der Philosophie. Mit Lust rennt er gegen die Grenzen des Denkbaren, verstößt er gegen den Komment der liberalen politischen Correctness. Nicht wenige Wächter des Mainstreams halten ihn darum für die vielleicht häßlichste Fratze des Radical Chic, eines akademisch-revolutionären Getues, das sich in leeren Gesten verliert, diese aber in einer großen Blase fortwährend weiterproduziert. Žižeks Mitverdächtige sind aus solcher Sicht neben Toni Negri und Michael Hardt Theoretiker wie Judith Butler, Giorgio Agamben und Postmarxisten wie Ernesto Laclau, Chantal Mouffe oder Frederic Jameson.

Wobei sich Žižek und der liberale Mainstream in der Aversion gegen den Radical Chic durchaus treffen. Ohnehin ist es mit dem Radical Chic wie mit dem Mundgeruch: Man wähnt die leeren Gesten immer bei den anderen. Nur stellen für Žižek die wohlmeinenden, professoralen Softlinken des Cultural-Studies-Trends die Protagonisten des zeitgenössischen Radical Chic dar. Die reden scharf, halten aber peinlich genau die Grenzen der liberalen politischen Correctness ein, machen auf radikalreformerisch, »um sicher zu gehen, daß sich nichts wirklich verändern wird«[43]. Man kennt das aus der Welt des Schüttelreims: Die schärfsten Kritiker der Elche sind in Wahrheit selber welche.

Für Žižek ist Denken innerhalb dessen, was er als die Grenzen des Erlaubten sieht, uninteressant – oder höchstens als Symptom der herrschenden Verhältnisse interessant – und beginnt erst bei der Überschreitung dieser Grenzen produktiv zu werden. Er ist kein Pamphletist oder Aktivist der, wie Negri und Hardt, die Grenzüberschreitung beschwört, sondern selbst zu betreiben versucht. Wobei er sich gelegentlich auch widerspricht. »In der Postmoderne verliert der Exzeß der Überschreitung seine Schockwirkung und wird völlig in den etablierten Kunstmarkt integriert«[44], schreibt er etwa an einer Stelle, an anderer dagegen, man solle nicht die Schlußfolgerung ziehen, »daß der Kapitalismus die endlose Fähigkeit besäße, alle Sonderwünsche zu integrieren und ihnen die subversive Spitze zu nehmen«[45]. Es ist nicht so, daß es keine möglichen Tabubrüche mehr gäbe. »Vielleicht sollte man in diesen langweiligen Zeiten um sich greifender Rufe nach Toleranz das Risiko eingehen, sich die befreiende Wirkung solcher ›Exzesse‹ in Erinnerung zu rufen.«[46]

Kein Wunder, daß manche Žižek selbst für einen wandelnden Exzeß halten. Mal räsoniert er von »Lenin wiederholen«, dann denkt er, wie bei der jüngsten Documenta, über »die heutigen Chancen radikaler Politik« nach. Ein anderes Žižek-Pamphlet trägt den Titel: »Ein Plädoyer für die Intoleranz«. Wer sich gerne provozieren läßt, ist bei ihm an der richtigen Adresse. Wer sich gerne irritieren lassen oder womöglich nicht akzeptieren will, daß die Prämissen des »globalen Kapitalismus als das einzige Spiel, das gespielt werden kann, und des liberal-demokratischen Systems als der endgültig gefundenen optimalen politischen Organisation der Gesellschaft« zu gelten haben, ist es ebenso.

Žižeks Kunst besteht darin, Populärkultur, Alltagsverstand, simple Beobachtungen, Theorie und radikale Thesen so aneinander zu montieren, daß sich überraschende Perspektiven eröffnen – damit will er »die hegemonialen ideologischen Koordinaten in Frage stellen«[47]. Die Gedanken,

EIN DREIFACH HOCH DEM EXZEß – *Slavoij Žižek, Frankfurt am Main, 2001*

die ihm dabei so durch den Kopf flirren, finden sich, variiert und wiederholt, in seiner kaum noch überschaubaren Text-Produktion. Copy/Paste, der Zweisprung der Netzkultur, ist sein eigentliches Arbeitsprinzip. »Žižek arbeitet ohne Unterbrechung«, heißt es mit leiser Ironie im »New Yorker«, und er »publiziert so schnell, wie er denkt, manchmal schneller«.

Ein paar Beispiele dieser immer wiederkehrenden Žižek-Gedanken: Die ökologische Bewegung hat es absolut einsichtig gemacht, den Weltuntergang für höchst realistisch zu halten. Gleichzeitig aber kann sich keiner mehr auch nur kleinste Änderungen des Wirtschaftssystems vorstellen. Die Endlichkeit der Welt mag realistisch sein, der Kapitalismus ist ewig.

Oder ein Beispiel dafür, wie Žižek die oft nur phantasierten Entscheidungs-»Freiheiten« im postmodernen Kapitalismus illustriert: »Es ist allgemein bekannt, daß der ›Schließen‹-Knopf in den meisten Aufzügen ein völlig funktionsloser Placebo ist, um den Individuen den Eindruck zu vermitteln, sie hätten irgendeinen Einfluß auf die Schnelligkeit, mit der der Aufzug arbeitet. Dieser extreme Fall vorgegaukelter Partizipationsmöglichkeiten ist eine passende Metapher für die Einflußmöglichkeiten der Individuen auf unseren ›postmodernen‹ politischen Prozeß.«[48]

Und ein drittes, immer wiederkehrendes Bild: Claude Levi-Strauss ließ Eingeborene die Struktur ihres Dorfes zeichnen. Je nach hierarchischer Stellung hatten sie zwei völlig konträre Bilder von der Topographie ihres Gemeinwesens im Kopf. Nun könnte man, sagt Žižek, wie das dem Common sense naheliegend wäre, einen Hubschrauber mieten und das Dorf von oben photographieren. Man erhielte so eine unverfälschte Ansicht der Realität, aber keine Ahnung vom Realen des sozialen Antagonismus.

Das Reale und die Realität, das Symbolische, das Gespenstische, Signifikant und Signifikat, der Große Andere: Es sind Begriffe des französischen Psychoanalytikers Jacques Lacan, mit denen Žižek operiert. Von ihnen kommt er ebenso her wie von der Theorie des marxistischen Philosophen Louis Althusser, dessen Studien über Ideologie und Ideologie-Effekte; und natürlich von Marx und Freud. Wobei Žižeks Erfolg womöglich darin gründet, sich nicht einzugraben in diese Begrifflichkeit: Er produziert keine hermetischen Texte, sondern ist zur Hälfte »global operierender Philosophie-Entertainer«, wie es so schön in einem Klappentext zu einem seiner jüngsten Bücher heißt. Dazu gehört nicht nur eine gewisse tänzelnde Leichtfüßigkeit, sondern immer auch, die Dinge in jener Spannung zu halten, in der sie »in der Realität« vorkommen. Selbst wenn wir – mit Lacan und Althusser und mit Foucault und mit etc. etc. – wissen, daß »Ideologie in allem immer schon am Werke ist, was wir als ›Realität‹ erleben, müssen wir dennoch die Spannung aufrechterhalten, die die Ideologiekritik lebendig hält«.[49] Insofern ist Žižek, bei allem radikalen Getue, erstaunlich »vernünftig«, verrennt sich nicht bis zum Fluchtpunkt einer These, sondern hält irgendwie doch – einerseits, andererseits – die Balance, den Mittelweg: Überall ist immer schon ein Ideologie-Effekt? Ja. Es gibt keinen Nicht-Ideologie-Ort, von dem aus Ideologie kritisierbar wäre? Ja. Ideologiekritik ist unmöglich? Nein, das auch wieder nicht!

Unbestreitbar, wie fruchtbar Žižek Alltagsphänomene und Theorie ins Verhältnis bringt, Hegel mit Hitchcock und vice versa, sozusagen, und neue Lesarten sowie Deutungen anbietet. »In der spätkapitalistischen Konsumgesellschaft nimmt das ›reale soziale Leben‹ selbst Züge eines inszenierten Schwindels an, indem sich unsere realen Nachbarn wie Schauspieler und Statisten verhalten«, analysiert Žižek. Er ist gewissermaßen der Vermesser der Kurzschlüsse des sozialen Lebens in der Postmoderne. Seine Kritik hat, trotz der sanften Ironie, immer auch etwas Schonungsloses, vor allem wenn die Sprache auf Phänomene der Post-Politik kommt, etwa auf den liberalen Multikulturalismus oder den entpolitisierten Pazifismus. Für den globalen Kapitalismus ist dieser Multikulturalismus darum die ideale Form der Ideologie, weil er »von einer Art leerem globalen Platz aus *jede* Lokalkultur so behandelt, wie der Kolonist die kolonisierten Menschen behandelt – als ›Eingeborene‹, deren Sitten genau studiert werden müssen und die zu ›respektieren‹ sind«[50].

Žižek hebt jeden Brocken auf, dreht ihn, setzt ihn in Verhältnisse mit anderen, bricht die Perspektive – in rasender Geschwindigkeit. Vielleicht ist ein gewisses Maß an Scharlatanerie dabei unvermeidbar. Aber was, wenn der assoziative Witz und Aberwitz, solche Scharlatanerie Bedingung des Produktiven ist? Was ihn so irritierend macht für die Tugendwächter aller Art, ist wohl: daß man nicht weiß, ob er das, was er sagt, auch ernst meint. Und auf welche Weise er es ernst meint. Was heißt es, die subversive Schärfe des »Signifikant ›Lenin‹« zu bewahren? Die »Leninsche Geste«, die Žižek zum Leben erwecken will, heißt, irgendwie den Augenblick, die Gelegenheit beim Schopf packen, das Gehäuse des ewig Determinierten (oder determiniert Scheinenden) aufzubrechen – radikaler Voluntarismus als Gegengift zur liberal-kapitalistischen Posthistorie.

In der Welt ohne Wahlmöglichkeiten ist der Exzentriker, der Abenteurer der eigentliche Revolutionär; dessen Experimente auch dann, ja vielleicht gerade dann erfolgreich sind, wenn sie scheitern; weil sie immerhin authentische Akte sind, die Erlebnisse produzieren, Übergangsakte. Die Grenzübertretung ist immer auch eine Perspektivenverschiebung. Ohne Zweifel ist Slavoj Žižek eine der seltsamsten Erscheinungen des globalen Theorie-Jet-Sets. Aber was, wenn dieser Ironiker und Manisch-Politisch-Inkorrekte in Wahrheit ein großer Moralist ist? Ein Moralist, der freilich gefangen ist in dem von ihm so gut durchschauten Debatten-Kosmos, in dem der Radikale dem Fluch nicht entkommt, Unterhalter zu sein – es sei denn, er sei unamüsant, was dann freilich nichts weniger bedeuten würde als ein öffentliches Todesurteil.

Das, worum Žižeks Denken kreist und was ihn zu einem Theoretiker mit Popstar-Aura in Kreisen der radikalen Jungintelligenz gemacht hat, ist der Versuch, die Fugen zu ergründen, an denen das herrschende Kontinuum aufgesprengt werden kann, und die Gedanken zu schärfen für den Augenblick, in dem dies möglich sein sollte – und natürlich Bescheid zu wissen über die gute Möglichkeit, daß dieser Augenblick nie kommen wird. Das sind ernste Gedanken, und das tragisch Clowneske wie das Geniale an Žižek gründet wohl darin, daß er weiß, daß man sie nicht völlig bierernst aufwerfen darf, wenn man sich nicht völlig lächerlich machen will.

5. Riskantes Denken

Denken der Revolte III: Was die Negri-Mania und der Žižek-Hype sichtbar machen – Versuch eines ersten Resümees.

Linke Basisaktivisten, neoliberale Propagandisten und Journalisten, die auf den Boulevard schielen, verbindet eine seltsame Gemeinsamkeit: ein Ressentiment gegen die Theorie.

Linke Bewegungsleute und Basisaktivisten zeichnet nicht selten ein gewisser antiintellektueller Affekt aus. Sie tun sich lieber zusammen, um ganz praktisch die Welt zu verbessern – sei es, indem sie sich auf eine Revolution vorbereiten, die dann doch nicht kommt, sei es, indem sie mit bewundernswerter Ausdauer das kleine Gute tun, in der Hoffnung, die große Weltverbesserung würde sich daraus schon ergeben, irgendwie kumulativ gewissermaßen.

»Wer liest denn so etwas schon?« fragt der Boulevard-Journalist mit der Selbstsicherheit dessen, der nur für wirklich, also relevant hält, was er selbst sieht, und das ist meist nicht sehr viel mehr als die oberflächlichste Oberflächlichkeit, und der jedem Text mißtraut, für dessen Lektüre mehr als sieben Minuten aufgewandt werden müssen.

Der Neoliberale schließlich belustigt sich über Gedankenspiele aller Art, denn die Realität richtet sich nach ihrer eigenen Logik: Gegen die mächtige Kraft der kapitalistischen Selbstbewegung kommt niemand an, ist er sich gewiß, und schon gar nicht jemand, der komplizierte Ideen wälzt. Solchen Marktpropheten gelten schon geerdete Typen wie beispielsweise Oskar Lafontaine als abgehoben und realitätsfremd, Leute wie Negri oder Žižek kreisen für sie gewissermaßen in einer anderen Galaxie.

Diese drei Erscheinungsformen des schlichten Pragmatismus ignorieren, daß Theorien eine eigene Praxis darstellen und Wissensformen auf etwas Reales verweisen, auch scheinbar verschwurbeltes Denken bisweilen einen Schlüssel zum Verständnis für Reales bereithält. So, wie Ideen, Denken, Wünsche und Sehnsüchte wiederum auf die Realität zurückwirken, diese verändern, auch wenn es ihnen selten gelingt, diese Realität nach ihrem Bilde zu formen.

Gewiß fällt es Leuten, die nach Sound-Bites süchtig sind oder nach Meinungsumfragen mit Sample 500, schwer, das zu verstehen.

So wird man in unserem Fall über die Realität, in der wir leben, etwas erfahren, wenn man, in Hinblick etwa auf die Gedankenbewegungen von Toni Negri, Michael Hardt oder Slavoj Žižek, die zugegebenermaßen aus einem breiten Fundus, aber doch nicht willkürlich ausgewählt wurden, fragt: Warum wird etwas in einem bestimmten Augenblick gedacht? Und warum wird ein solches Denken in einem bestimmten Moment populär? Welches – zum Teil unbewußte – Unbehagen kommt dadurch zur Sprache? Und welche Auswirkungen hat dieses Denken über den kleinen Kreis derer hinaus, die sich mit ihm konzentriert auseinandersetzen – etwa, durch Sickerwirkung, indem sie andere, populärere Darstellungen beeinflussen, das Bild, das wir uns von der Welt machen, einfärben? Kurzum: Was machen solche Theorien über das, was in ihnen buchstäblich gesagt wird, hinaus noch sichtbar?

Viele schimpfen auf die Multis, viele klagen über die »asoziale Marktwirtschaft« oder jammern, daß es »kalt geworden ist« in unserer Gesellschaft, daß nur mehr das Materielle zählt. Man kann das bei Kirchentagen hören, an Stammtischen, aber auch in Präsidentenpalästen, im Kreise kreuzbraver Montagsdemonstranten gegen die Hartz-Reformen wie in denen rebellischer Jungautonomer. Doch die Wenigsten, die so reden, leiden echte Not; bei den Riots von Göteborg bis Genua handelte es sich auch nicht um

Hungerrevolten. Bei all dem schlechten Gefühl, das sich im Zuge des globalen Triumphes des Kapitalismus eingestellt hat, geht es also überraschenderweise nicht so sehr um Empörung über Elend, sondern um Freiheit und um die Idee eines sinnvollen, »echten« Lebens. Die Klage über die Kommerzialisierung aller Lebensbereiche hebt in erster Linie nicht deshalb an, weil diese Kommerzialisierung die soziale Lage einzelner verschlechtert (was ohne Zweifel der Fall ist) und zur Verbesserung der sozialen Lage vieler nichts beiträgt (was ebenso der Fall ist), sondern weil Entscheidungen über die Verfaßtheit und das Funktionieren unserer Gesellschaften immer weniger bei deren Bürgern, sondern immer stärker bei einem nach eigener Logik prozessierenden System liegen, dem System der Wirtschaft. Wenn die Bedingungen aber, nach denen dieses System funktioniert, außerhalb des Zugriffs der Entscheidungsfähigkeit der Subjekte liegt, dann wird der Begriff der Freiheit ziemlich schal – das ist der Punkt, auf den Slavoj Žižek abzielt. Doch nicht nur das: Diese Diskrepanz wird um so spürbarer, je größer der Spielraum an Optionen ist, den die Subjekte auf der Basis der herrschenden Systembedingungen bekommen – und eine Ausweitung der Freiheitssphären brachten die vergangenen Jahrzehnte ohne Zweifel, worauf uns die optimistische Sicht von Negri und Hardt aufmerksam macht. Nur ist die Folge eine um so paradoxere Konstellation: Wenn die Systembedingungen unbeeinflußbar prozessieren und dem Einzelnen nur eine Möglichkeit bleibt, darauf zu reagieren, nämlich möglichst optimal ihnen entsprechend zu funktionieren, dann wandert das System in die Subjekte ein, in alle Poren ihres Lebens, und das ausgerechnet in dem Moment, in dem die Subjekte vom Apfel der Freiheit, der Optionen, der Kreativität gekostet haben. »Die Spannungen innerhalb jedes Menschen werden immer größer«, sagt Toni Negri. »Denn je mehr Kreativität ich durch meine Arbeit theoretisch ausdrücken könnte, desto mehr leide ich, wenn ich in der Praxis unterdrückt werde.«

Die deregulierten Märkte verlangen vom Einzelnen ein Höchstmaß an reguliertem Verhalten, ja strikt regulierte Gefühle. Dieses System produziert die Wünsche nach einer sinnvollen Existenz und kolonisiert das Leben gleichzeitig bis in seine Poren hinein. Deshalb ist nach »Freiheit« das eigentliche Schlüsselwort des Unbehagens, oder besser des Begehrens, der Begriff des »guten Lebens«. Der Kapitalismus sitzt im Kopf des Einzelnen, die Dinge singen wie in einem der Stücke des in den vergangenen Jahren so gefeierten deutschen Dramatikers René Pollesch: »Ihr kriegt uns hier nicht raus.« Doch seine Protagonisten schreien: »Ich will DAS nicht leben.«

Womit wir bei unserem nächsten Thema wären.

6. Jemand lebt mein Leben. Und das bin nicht ich.

Und plötzlich war Theater wieder spannend.
Pollesch, Ostermeier & Co. oder:
Wie die Dramatik die Entfremdung entdeckte.

Die Bilder der Arbeit haben sich vor unser aller Augen verändert, sichtbar und doch im Verborgenen zugleich. Wir alle kennen die glitzernden Tempel globaler Kleiderketten, in denen auch die Teens und Twens billig einkaufen können und die Verkäuferinnen die hippen Teile selbst tragen: Hosen oder Wickelröcke, das Top nabelfrei, im Sommer manchmal nur ein Bikinioberteil. Der Umgangston: leger. Die Betriebsideologie: offenes Reden über alles. Die ganze Szenerie: ein eindringliches Bild des Zeitalters postmaterialistischer Freizügigkeit, eingefügt in die globale Ökonomie jugendkulturellen Lifestyles. Die Haare grell gefärbt, Nase und Nabel gepierced, sind die Komparsen auf dieser Bühne beseelte Schaufensterfiguren aus der Abteilung des kalkuliert Exaltierten: immer gezwungen, so ungezwungen und frei wie möglich auszusehen.

Kommunikation zwischen Belegschaft und Kunden geschieht nicht mehr über Beratung, sondern über visuelle Codes. Das Ergebnis: Vereinsamung. Eine 28jährige Verkäuferin hält sich für kommunikativ begabt, erzählt, wie viel sie aus Gesprächen schöpft, und staunt deprimiert, sich in einem Job wiederzufinden, in dem sie mit ihren Talenten »so gut wie gar nichts zu tun habe, außer: ›Grüß Gott, das macht soundsoviel bitte. Danke schön.‹« Verkäuferinnen sind keine Ansprechpartner mehr, sondern Projektionsflächen für Sehnsüchte und Trägerinnen von Werbebotschaften. Wer dafür nicht taugt, wird in den Backstagebereich verbannt. »Ich arbeite zwei Tage und dann wieder frei und wieder zwei Tage und wieder frei, dann geht es«, erzählt eine. »Aber ich kann keine drei oder vier Tage hintereinander arbeiten. Das halte ich da drinnen nicht aus.«

Eine junge Frau, gut ausgebildet, die einige Studien versuchte und ein Sprachstudium beinahe beendete, erprobte sich in diesem und jenem; alles ohne große Zielstrebigkeit, aber mit jener ungebundenen Freiheit und Fröhlichkeit, die die schönere Seite der neoliberalen Subjektivierung auszeichnet und derentwegen der Kapitalismus seinen Apologeten als die »Ordnung der Freiheit« gilt – bis sie die Geburt ihres Kindes auf Sozialhilfeniveau hinabdrückte. »Welche Arbeit zu ihr passen würde, weiß sie nicht genau«, referiert Anita Niegelhell, die Sozialwissenschaftlerin, die sie für den Sammelband »Das ganz alltägliche Elend«[51] befragte. »Allerdings weiß sie, daß sie bei dem, was sie tut, keine Kompromisse eingehen und sich ›ganz‹ einbringen möchte, um frei zu sein, so sein zu können, wie sie ist ... auf der Suche nach der Existenz eines authentischen Selbst. Die Freiheit besteht dann allerdings lediglich darin, jene Arbeiten, bei denen sie die für sie wichtigen Bedingungen nicht erfüllt sieht, wieder aufzugeben.« Das Resultat ist ein Leben in der Schwebe, wie es überhaupt das Charakteristikum des neoliberalen Subjektes ist: eine Existenz in der Ambivalenz.

Das Callcenter ist vielleicht die paradigmatische und gleichzeitig paradoxeste Lokalität des postmodernen Kapitalismus: Chiffre für Kommunikation und Ort der Sprachlosigkeit zugleich. Eine Bedienstete erzählt: »Du erfährst Lebensgeschichten! Und für solche Sachen hast du keine Zeit.« Leute ohne eine spezielle Ausbildung sind an den Telefonen für verschiedene Firmen zuständig, auch für Bestattungsunternehmen. Da muß sie, beklagt die Frau, »mit Angehörigen sprechen, die gerade jemanden verloren haben ... Der braucht psychische Unterstützung, aber wir werden ja nicht darauf geschult, wie ich mit diesen Leuten umgehe.«

Die modernen Dienstleister sind mit ihrer Arbeit und ihrer gesamten Existenz unzufrieden. Mehr noch als soziales Elend werden die Widersprüche beklagt, in die sich die Subjekte verfangen. Nicht selten sind die Akteure auf sich selbst böse, weil sie den eigenen Forderungen nicht gerecht werden. Sie haben ein Bild von Erfolg und von einer sinnvollen, verwirklichten Existenz längst internalisiert und laufen dieser Vorstellung nach. Wenn die Idee von der »Freiheit des Einzelnen« in jeden einwandert, er aber in seinem Leben nichts findet, was vor diesem Anspruch besteht, nimmt dies dann leicht eine selbstzerstörerische Wendung.

Verwirkliche Dich! ruft der moderne Kapitalismus den Subjekten zu. Und die Subjekte verwickeln sich.

Nicht die Subjekte, aber diese Widersprüche sind es, die René Pollesch auf die Bühne bringt. Mit seinen seltsamen postdramatischen Theatertexten hat er es nach der Jahrtausendwende zum wohl meistbeachteten deutschen Bühnenschriftsteller gebracht. Die Kritikerzunft wählte ihn 2002 zum Theaterautoren des Jahres, für die Berliner »taz« ist er schlicht der »interessanteste deutsche Dramatiker dieser Zeit«. Spätestens seit Pollesch den Berliner Prater, die Außenstelle der dortigen Volksbühne, zu seinem eigenen Theater gemacht hat, ist er in Deutschland zu einem Star geworden. Dabei sind seine hyperschnellen Stücke mit Namen wie »Heidi Hoh«, »Stadt als Beute« oder »www-slums« keine Dramen im herkömmlichen Sinn des Wortes. Die Figuren, die darin auftreten, versuchen weder, sich in reale Subjekte einzufühlen, noch diese zu verfremden, sondern sind nur mehr reine Textträger, die Wörter ausspukken. Raffiniert dramatisierte psychologische Prozesse sind Pollesch' Sache nicht, der seine Stücke immer selbst inszeniert. Nicht Figuren, sondern »Theoreme und Probleme spielen die Hauptrollen«, schrieb Diedrich Diederichsen in »Theater Heute«.[52] Zur Sprache kommen soll, so Pollesch

ERKUNDUNGEN IM »FALSCHEN LEBEN« – *René Pollesch, Berlin, 2004*

über sich selbst, »der Sturm, der wohl im Kopf eines jeden tobt«.

Pollesch montiert Alltagsmythen, Managersprache, Theorien, sein Thema sind die Machttechnologien und die Technologien des Selbst, die Selbstdressur der Subjekte, die sie zum Funktionieren bringt, die »Selbstdisziplinierung in Richtung Marketing« (Pollesch). Seine Figuren sind Zwangsvernetzte. Wenn sie von Gesichtern reden, ist von »sozialen Displays« die Rede.

»Heidi Hoh 3 oder die Interessen der Firma können doch nicht die Interessen sein, die Heidi Hoh hat« war der große Schlager der Wiener Festwochen 2003. Der kleine Raum ist mit Sitzkissen ausgelegt, vorne sitzen die drei Protagonisten – Heidi Hoh, Bambi Sickafossee und Gong

Scheinpflugova – auf unbequemen Sitzmöbeln, hinter ihnen sind Plattencover auf die Wand gepappt. Heidi Hoh arbeitet als Teleworkerin, und von ihrem Unternehmen werden ihr Drogen bereitgestellt, um ihre Kreativität zu steigern, ein Angebot, so Heidi Hoh, »wie ich meine Subjektivität besser in die Firma einbringen kann«.

Es geht nicht einfach um Ausbeutung, auch nicht um Fremdbestimmung, sondern um die Gängelung durch das System, das in einem drinnen ist. »Irgend jemand lebt mein Leben. Und das bin nicht ich«, sagt Heidi Hoh. Die Ökonomie ist dereguliert, die Subjekte und ihre Gefühle sind reguliert. »Ich weiß gar nicht, wie ich für jemanden außerökonomisch empfinden soll.« Die postfordistische Ökonomie hat die Individualität zur Produktivkraft gemacht, was ganz folgerichtig ist, besteht Ökonomie ja zunehmend aus Wissen, Information, Sprache und weichen Gütern wie Kundenfreundlichkeit, Affekten, Unverwechselbarkeit, Schönheit. Pollesch-Figuren spucken Theoriebruchstücke aus: »Die Verwertung deiner Subjektivität wird organisiert, VERDAMMTE SCHEISSE«. Oder: »Die Selbstzerstörung des Betriebs, der man ist, ist die einzige Lösung gegen diesen SCHEISS NEOLIBERALISMUS«. Die Figuren sind Vernetzte, und im Netz steckt der Kapitalismus und somit auch in ihnen. »Ich bin schwer besorgt über den Kapitalismus im Netz«, sagt einer von Pollesch' Text-Trägern in www-slums. ICH BIN SCHWER BESORGT ÜBER DEN KAPITALISMUS HIER DRINNEN! Ja, das bin ich. Der ist irgendwie hier drinnen und den krieg ich nicht mehr raus.« B.: »KEINER KRIEGT DAS KAPITAL RAUS«.

In Pollesch' Texten sind viele Zeilen in Großbuchstaben geschrieben. Es sind jene Passagen, die von den Pollesch-Schauspielern nicht in höllischem Tempo gesprochen, sondern hysterisch herausgeschrieen werden. Wenn man so will: Der gesprochene Text ist die Analyse, der geschrieene die Revolte oder wenigstens die verzweifelte Gegenwehr gegen die analysierte Realität. »Irgendeinen Aktionsraum muß Verzweiflung doch haben«, läßt Pollesch Heidi Hoh sagen. Unentwegt schreien Pollesch-Figuren DU FICKSTÜCK!, FICKSAU! oder HALT'S MAUL! Das Schreien ist das letzte Eigene, aber auch das Unverfügbare, das Verteidigbare. »Lehrstücke sahen früher auch mal anders aus«, schreibt Frauke Meyer-Gosau im Vorwort zu einem Pollesch-Reader. »Und doch geht es hier ... immer noch um genau so etwas«, um »Lehrstücke in Entfremdung durch technischen Fortschritt«[53].

Pollesch' mäandernde Texte, die keinen Anfang und kein Ende haben, Themen früherer Texte aufgreifen und selbst in anderen wieder fortgesponnen werden, kreisen um die innere Aushöhlung der Subjekte durch die Dinge, ja gewissermaßen um das Immer-schon-ausgehöhlt-Sein bei gleichzeitiger Behauptung eines Kerns an Eigentlichkeit, der nicht weiter thematisiert, aber dafür durch Schreien laut zur Sprache gebracht wird. Doch für Pollesch gibt es nicht das »echte« und das »falsche« Leben, sondern nur verschiedene Skripts – allenfalls, bestenfalls. Seine Figuren schreien nicht: Ich will anders leben. Sondern sie schreien: ICH WILL DAS NICHT LEBEN. Sie sehen noch, aber sie sehen um sich herum nur Trostlosigkeit: »Da gibt es nichts, von dem ich denke: Das will ich leben« (aus Pollesch TV-Soap »24 Stunden sind kein Tag«).

Hoffnung, im Sinne der alten Lehrstücke, gibt es bei Pollesch natürlich nicht. Man könnte gut das Gegenteil behaupten: Wenn das Kapital in jedem drinsitzt, sich in jeden einschreibt, dann ist jeder überschrieben, und dann gibt es nichts mehr, was rebellieren kann. Doch wird eine solche Auffassung von Pollesch einerseits immer durch die verzweifelten Schrei-Akte irritiert, andererseits haben Pollesch-Stücke eine bestimmte Wirkung auf das Publikum:

Das Unbehagen, das die Zuschauer ohnehin haben, wird bestärkt, und zwar auf ziemlich intelligente Weise. Sollte ein Zuschauer zu Verweigerungsstrategien tendieren, wird er darin gewiß ermutigt. Und ein Rest von einer Idee von einem »echten« Leben ist natürlich auch bei Pollesch, selbstverständlich unausgesprochen, am Werke: ohne die Sehnsucht nach wirklichen Gefühlen hätte das Reden über die regulierten Gefühle zweifelsohne keine Kraft.

Gewiß ist das alles ein wenig grell, und dort, wo die Analyse postfordistischer Verhältnisse umschlägt in Technologiekritik, wird Pollesch leicht drollig. Kein Mensch ist sosehr an Computer angeschlossene Mensch-Maschine, bloßer Automaten-Klon wie die mit Datenmüll vollgefressenen Figuren Pollesch'. Die Ideologie des postmodernen Kapitalismus nimmt der Autor ein bißchen zu ernst: Kein Leben ist nur ein Geschäftsbericht, mag es auch die moderne Rede von »Ich-AG« und »Marke Ich« unterstellen. Wären die Individuen vollends der kapitalistischen Welt-Maschine subsumiert, gäbe es kein Unbehagen und für Pollesch kein Publikum. Der völlig entgrenzte, flexible Mensch, der wie ein Unternehmen funktioniert, ist – auf die Bühne gebracht – nur radikal weitergedachte Konsequenz der Verhältnisse, dramatisch vertretbare Übertreibung. Ohne Bereitschaft zur Übertreibung, ohne ein gewisses hysterisches Potential würde es ohnehin auf einem Gebiet wie dem der Kunst keine bedeutenden Ereignisse geben. Aber natürlich könnte man eine solche Darstellung von Subjektivität auch nennen: Karikatur der realen Individualitäten. Das Unbehagen hat seine Grundlage gerade in dem Umstand, daß die Subjekte ein waches Gefühl dafür haben, daß sich der Kapitalismus nicht nur die repressive Formatierung der Individualität, sondern auch deren kreative Selbstverwirklichung zunutze macht, daß auch das Subversive nichts anderes ist als eine allenfalls exzentrische Weise von Mitläuferei, deren Stil-Codes in den unendlichen

Fundus dessen eingehen, aus dem sich die Marketingabteilungen der Unternehmen bedienen. Das Unbehagen hat also das Bewußtsein und die Fähigkeit, Gegenstrategien einzuschlagen, zur Voraussetzung. Die Subjekte sind autonom genug, um nach den kleinen Auswegen zu suchen, wissen aber auch, daß jeder Schritt aus dem Netz zu neuer Verstrickung führt.

Dieses Thema – die prekäre Freiheit des neoliberalen Subjektes – hat den erstaunlichen Aufschwung der deutschsprachigen Dramatik in den vergangenen vier, fünf, sechs Jahren begründet. René Pollesch ist da nur ein besonders erstaunlicher Protagonist. Pollesch stellt, wie der Kritiker Robin Detje in einer schönen Wendung schrieb, »ein Teilkontinuum im großen Kontinuum der deutschen Gegenwartstheaterkunst dar; die Raumschiff-Kapitäne der anderen Teilkontinua heißen Marthaler (ewiger Abgesang im Wartesaal), Schlingensief (ewig ironisch zuckender Größenwahn) und Castorf (ewig entgleisendes Familienfest mit Gott und Teufel)«. Das deutschsprachige Theater, das sich zuletzt entweder in ewig neuen Drehungen psychologisierender Ergründung von Klassikern erschöpfte, in längst selbst zur Routine gewordenen Stück-Zertrümmerungen totlief oder bestenfalls mit postbrechtianischer Traditionspflege abmühte, ist wieder zum Ort von Ausbruchsphantasien und Sozialkritik geworden. Ein Schlüsselmoment dafür war die Installation der Baracke am Deutschen Theater in Berlin in der zweiten Hälfte der neunziger Jahre, wo der junge Regisseur Thomas Ostermeier Hardcore-Schocker aus dem angelsächsischen Sprachraum, wütende Stücke mit Street-Credibility inszenierte, aber auch alte, neuerdings zeitgemäße Stücke wie Brechts »Mann ist Mann« über den zufällig zum Söldner geratenen Galy Gay und seine schleichende Ummontage. Verbunden war dies mit einem lange nicht gekannten Gestus des Neu-Beginnens, einem Pathos der Wiederbegründung eines politischen Theaters durch eine neue Generation. Es gibt »diesen emphatischen Kern«, sagte Ostermeier, nachdem er zu einem der Co-Direktoren der Berliner Schaubühne avanciert war.[54] Heute ist Ostermeier Ende Dreißig und vielfach dekorierte Kultfigur unter Europas Regisseuren. Das Thema der Stücke, die er und andere auf die Bühne bringen: »Das Marktprinzip von Kaufen, Sichverkaufen und Verkauftwerden schafft Einsamkeit, Kälte und Verlorenheit – und die Sehnsucht ist eine andere.«

Ostermeier, der selbst noch aus der Brecht-Tradition kommt, kreist mit seinen Mitstreitern um dasselbe Thema wie etwa Pollesch, aber mit einer anderen Theatersprache und -ästhetik. Hier stehen keine Gefühlszombies auf der Bühne, deren intimste Lebenswelten technologisiert sind, hier wird das Prinzip der realistischen Erzählung noch hochgehalten, auch weil Ostermeier ein gewisses Mißtrauen hegt gegen Thesen wie die von der Zersplitterung des Subjekts – wenn's hart auf hart geht, das Konto leer ist oder »das unfreie Leben bis ins Körperliche erfahren« wird, dann nimmt das Individuum das auf durchaus »realistische« Weise wahr, aller Postmoderne zum Trotz.[55] Soziale Wirklichkeiten, die reale Unterwerfung unter Rollen, deren Autoren die Subjekte nicht sind, versucht man abzuspiegeln, die Zwänge eines Systems, die zu einem verlogenen Leben anherrschen, und nicht selten endet die Dramatik in apokalyptischen Haß-, Schmerz-, Brutalkatastrophen. Soziale Kommunikation ist Körperlichkeit, und im Körperlichen finden sich noch Spuren des Unverstellten. Die Behauptung des Eigenen mündet in die totale Auslöschung. Ein Modus, wie er sich in den Stücken der britischen Autorin Sarah Kane ebenso fand wie in Ostermeiers gefeierter Inszenierung von Ibsens »Nora«, die nur mehr richtig handeln kann, indem sie unvernünftig handelt, die sinnvoll zu agieren und zu leben beginnt, indem sie das

Leben ihres herz-, lieb- und geistlosen Bankdirektorengatten auslöscht – ein Punkt im Leben, an den sie aber wohlgemerkt die Macht des Geldes bringt. Das Shoot-Out, der Gewaltakt, die Vergewaltigung sind in ihrem Realismus schockierende Grenzerfahrungen, Überschreitungsakte, die als solche Felder neuer Sichtbarkeit eröffnen sollen. Die Apokalypse als Erlösung von der Hohlheit der Spaßgesellschaft.

Beziehungen sind Arbeit, wie bei Pollesch (»Nenn unsere Beziehung nicht immer Arbeit«, sagt eine seiner Figuren), oder Krieg, wie bei Ostermeier, und beides sind die beherrschenden Themen sowohl des sozialwissenschaftlichen Diskurses wie der politischen Kritik – die Transformation, »das Ende der Arbeit« und die Rückkehr des Krieges. Der Krieg ist einerseits die Fortsetzung der postkapitalistischen Hohlheit, die Verteidigung »unserer Werte« im Irak verträgt sich offenbar gut mit den Prinzipien neutralisierender Kommerzkultur, und andererseits ist er der Einspruch dagegen. Wie seit jeher am Vorabend größerer kriegerischer Verwicklungen, so haben auch nach dem 11. September viele Kommentatoren den Anbruch einer »neuen Ernsthaftigkeit« beschworen, ein Ende der Spaßgesellschaft, der schrillen leeren Heiterkeit. Um so irritierender, daß sich auch der Krieg der vorherrschenden Zeichensprache bedient: Blutvergießen als Videoclip. »Dazu gehört eine Dramaturgie mit einem Ultimatum, das zur prime time abläuft«, formuliert der junge Schaubühnen-Autor und Regisseur Falk Richter: »Dazu gehört der eingebettete Journalist, der wie ein Sportreporter berichtet ... Da berichtet beispielsweise ein BBC-Reporter zwei Stunden lang von einem Grabenkampf. Er fragt einen Soldaten, wo der Gegner steht ... Der Soldat kann das natürlich gar nicht beantworten. ... Das ist eigentlich gar kein Journalismus. Es ist irgendwas Neues ... Ein Sichberauschen am Live-Erlebnis der Todesnähe und Vernichtung.«

Die Rückkehr des Krieges als Blutvergießen, aber auch als Entertainment; die verfremdete Existenz, in der jeder immer schon sein eigenes Produkt ist – darunter leidet, aber damit auch Spaß hat; das Denken zwischen Ökonomismus und Pop; die Ökonomisierung aller Lebensbereiche und umgekehrt die Kulturalisierung des Ökonomischen zu Lifestyle: Es sind diese Themen, die das Geschehen auf den Bühnen wieder spannend gemacht haben.

Übrigens: Daß eine neue Form von Theater wieder zum Forum kritischer Auseinandersetzung wird, hat zweifellos eine eigene Logik, deren paradoxe Struktur noch niemandem aufgefallen ist: Da werden in die Theaterhäuser von den Bühnenbildnern glatte, anonyme Gebäudekomplexe hineingebaut, Shopping Malls oder Flughafenlobbys, in denen Menschen aneinander vorbeihuschen, in deren Kopf es aussieht wie in einem E-Mail-Account. Da bekommt der Begriff »Realismus« tatsächlich einen eigenen Sinn. Denn realistisch wird da auf die Bühne gebracht, was immer schon Bühne ist. Längst ist auch im wirklichen Leben das real, was glaubhaft in Szene gesetzt ist. Die Einkaufszentren, Hotels, diese Nicht-Orte erhöhter Mobilität, sind immer schon Kulissen des Sozialen. Und die Menschen, die sie bevölkern, sind immer Schau-Spieler. Die Verkäuferin, eine Komparsin, mit strikt limitierter Sprechrolle, angehalten, Bilder zu produzieren, die wie Werbung aussehen. Die Beschäftigte im Callcenter, ein beseelter Sprechautomat, die Souffleuse – der Chef – immer im Nacken. Die Protagonisten der New Economy, darauf gedrillt, Erfolg zunächst zu spielen, die erste Voraussetzung dafür, Erfolg zu haben. Und der Versuch, das Skript beiseite zu werfen und seinen eigenen Text zu sprechen, folgt dann bloß einem anderen Skript. Wer seine Distinktionsbedürfnisse im Zeitalter der Massenkultur nicht völlig fahren lassen will, für den ist der passende Lebensentwurf schon in der Schublade. Genug von der Standardware? Kein Problem: »Es gibt sie noch, die schönen Dinge«, verspricht ein gediegenes Versandhaus, das sich auf feine Produkte von gestern spezialisiert hat. Anders konsumieren kann man heute schon im Supermarkt, angepriesen mit dem Slogan: »Ja! Natürlich!« Die Welt ist eine Bühne, suchen Sie sich das Stück, das zu Ihnen paßt! Sie wollen anders leben? Einen Augenblick bitte, wir haben sicher auch für Sie ein passendes Leben auf Lager!

Darum, vermutet Diedrich Diederichsen, läßt René Pollesch seine Figuren rufen »ICH WILL DAS NICHT LEBEN« und nicht »ICH WILL ANDERS LEBEN«. Denn »anders leben zu wollen ist der traditionelle Einspruch gegen Ideologie und gleichzeitig das Kernstück ihrer heute dominanten Versionen«[56]. Das »andere Leben« ist auch das Versprechen des Marlboro-Mannes: Weites Land, echte Menschen, echte Gefühle und das Motto des subversiven Mainstream – »Die Freiheit nehm ich mir«.

Die Bühne, könnten wir enden, lehrt uns, was uns das Leben lehrt: daß es heute verdammt schwer ist, eigen zu sein; und daß der Grat zwischen Kritik und Kitsch verdammt schmal ist.

7. An dem Produkt ist was kaputt

Kommerzkritik, der neueste Renner:
Pop wird wieder Protest – und das klingt erstaunlicher-
weise oft gar nicht peinlich.

Es war kalt, bitter kalt. Ist ja auch eine ziemlich verrückte Idee, mitten im Januar ein Open-air-Konzert anzusetzen. Dennoch waren gut fünf-, sechstausend in die Arena in Wien gekommen, um mit dem Musiksender FM4 Geburtstag zu feiern. Knapp vor elf Uhr in der Nacht, das Thermometer zeigte gerade Minus Zehn Grad Celsius, war der Hauptgig des Abends angesetzt, sprang jene Überraschungsband auf die Bühne, auf die alle gewartet hatten: »Wir Sind Helden«. Als »die netteste Popband der Welt« waren sie angekündigt worden. Und dann standen sie da, die vier aus Berlin: das Mädchen, das unter dem Namen Judith Holofernes binnen weniger Monate einige Berühmtheit erlangt hatte, und ihre Co's an Baß, Keyboard, Drums – Mark Tavassol, Jean-Michel Tourette, Pola Roy. Erzählten, daß ihre Finger klamm seien, sie zum Glück alte Wollsocken mit hätten, die sie, mit fünf Schnitten da und fünf Schnitten dort zu Handschuhen umfunktioniert hätten. Sprachen von ihren langen Unterhosen. Waren einfach da. Froren, und ein paar tausend andere bibberten mit ihnen. Nix Stars, nix Glamour, nix Punkrebellen.

Irgendwie ist so auch ihre Musik. Der erstaunliche Siegeszug der Band, die im Radio schon rauf und runter gespielt wurde, als sie noch nicht einmal eine Platte am Markt hatte, und deren Debüt-CD erwartet wurde wie ein Ereignis – und die dann monatelang ganz oben auf den ersten Plätzen der Charts rangierte –, war dementsprechend als Symptom eines Trends aufgenommen worden. Von der Rückkehr der Natürlichkeit war da die Rede, von der neuen

»Stimme einer kritischen Generation« (»Berliner Zeitung«). Ein kleines Popwunder: »Pop wird plötzlich wieder Protest.« (»taz«)

Kaum gegründet, waren die meisten Säle für die Band schon wieder zu klein. Ihre erste Single, mehr oder weniger in Eigenregie produziert, löste in den Musikredaktionen einen kleinen Hype aus. »Guten Tag« mit dem eingängigen Sound und der Textzeile »ich will mein Leben zurück« ist ein Stück voller charmanter Ironie über Kommerz und Entfremdung: »Meine Stimme gegen ein Mobiltelefon / Meine Fäuste gegen eure Nagelpflegelotion / Meine Zähne gegen die von Doktor Best und seinem Sohn / Meine Seele gegen eure sanfte Epilation.« Über »das Leben«, das im digitalen Kapitalismus als Angebot bereitsteht, heißt es lapidar: »An dem Produkt ist was kaputt – das ist die Reklamation.«

Die Kids in der ersten Reihe kennen die Zeilen auswendig, hüpfen wild, bis allen ein bißchen wärmer ist. Es geht weiter in diesem Ton. Die Songs »Ist das So?« und »Rüssel an Schwanz« thematisieren Herdentrieb und Konformität, »Müssen nur Wollen« das professionelle Funktionieren, auf das alle gedrillt werden. Im Detail gerät das bisweilen sehr poetisch: Da gibt es einen hübschen Song über die Liebe (»Aurelie«), wirklich famose Zeilen (»Die Zeit heilt alle Wunder«) und kraftvolle Verse zum Mitsingen: »Hol den Vorschlaghammer / Sie haben uns ein Denkmal gebaut / und jeder Vollidiot weiß / daß das die Liebe versaut«.

Früher hieß das: »Mach kaputt was Dich kaputtmacht.« Und ausdrücklich nennen »Wir Sind Helden« den verblichenen Rio Reiser und seine legendäre Politrock-Kapelle »Ton Steine Scherben« als Vorbild.

Ein paar junge Leute singen über Konsumkritik, Kommerz und Selbstbestimmung und schlagen ein, als hätte die Teeniewelt nur auf solches gewartet. Und wohlgemerkt: Das ist kein Subkulturphänomen, im Gegenteil – sogar die Echo-Preisverleihung, *das* Event der deutschen Popindustrie, haben die vier aus Berlin 2004 beherrscht und mit drei Preisen ähnlich abgeräumt wie der »Herr der Ringe« die Oscar-Gala. Das ist schon erstaunlich – und wohl auch ein Symptom dafür, daß es ein ausgeprägtes Bedürfnis danach gibt, die hohle Unterhaltungswelt mit Werten und Inhalten zu füllen. »Vielleicht«, sagt Judith Holofernes im Interview mit Thomas Winkler, »vielleicht sind wir die richtige Band zur richtigen Zeit.«[57] Und fügt hinzu: »Ich glaube schon, dass wir die richtige Band zur richtigen Zeit sind. Die Plattenindustrie hat sich in den Neunzigerjahren selber ins Knie geschossen, weil sie zu sehr auf das produkthafte Musikverkaufen gesetzt hat.«

Nun ist die Geschichte des Pop die Geschichte des Spiels mit Gesten des Rebellischen („Street figthtin man«), der Anklage gegen Konformität und herrschende Mächte („Fight the power«), der Sehnsucht nach echten, wahren Gefühlen („Satisfaction«), deren nur vordergründige Subversivität sich der Markt in Gestalt des Popbusiness immer zunutze zu machen wußte. Mit einem scharfen J'accuse gegen Kommerz und Entfremdung lassen sich prima Geschäfte machen. Von Beat über Rock über Punk über Rap ist längst bekannt, daß jede Revolte gegen Eingefahrenes und etablierte Stile und Codes nur einen weiteren Dreh in einer sich immer schneller drehenden Verwertungsspirale darstellt. Nirgendwo laufen rebellische Gesten derart Gefahr, vom ersten Augenblick an nur neue Moden des Radical Chic zu produzieren, wie in der Welt der Popmusik, die ohne die Vermarktung von Sehnsüchten nach Authentizität gar nicht existieren könnte – und diese Sehnsüchte damit auch gewissermaßen in geordnete Bahnen lenkt. Dies ist sosehr zum Common Sense geworden und nicht nur zu einem Wissen, mit dem das Produkt Pop analysiert wird, sondern auch zu einem strategischen Wissen der Konzerne, die kühl berechnend Images produ-

EIN KLEINES POPWUNDER – *Judith Holofernes, Frontfrau von »Wir sind Helden«, 2004*

zieren, daß Popbands sich beinahe lächerlich machen, wenn sie mit einem »die Welt verändern«- oder auch nur »den Pop revolutionieren«-Gestus antreten. Alles schon bekannt, alles schon gehört; auch die Hippies waren eine Marktnische, der Punk mündete im Kaufhauspunk mit den in Fernost gefertigten Accessoires (Nagelarmband!), und der jugendliche Rebellenkult endet – bestenfalls – in Rentner-Tourneen, wie sie die »Stones« aus Anlaß des 60. Geburtstags von Mick Jagger gegeben haben. Dieses Wissen um die Ausweglosigkeit der Kommerzkultur führte auf der einen Seite zur Totalherrschaft des aalglatten Vermarktungspop von Boygroups bis Castingshows und andererseits zur Auswanderung aus dem Musikbusiness durch avancierten Pop, durch die DJ-Kultur, Teile der Hip-Hop-Szene und durch explizite Versuche, Töne anders zu plazieren, »die gängigen popmusikalischen Ordnungen«[58] zu dekonstruieren. Indielabels, Volxtanz und Soundpolitisierung waren die Schlagworte dieser Tendenzen, in denen auch anklingt, daß der, der eingängige Melodien produziert, selbst schuld ist, wenn er mit Haut und Haaren von einer Gesellschaft, in der alles Pop ist, verzehrt wird. Das heißt nicht, daß sozialkritische Themen aus der Welt des Mainstream-Pop verschwunden sind, doch etwas, was auch nur entfernt an die alte Protestsong-Kultur erinnerte, war lange nicht zu hören. Zwar wäre Pop ohne dieses gewisse antiautoritäre Moment unbekümmerter Frechheit auch heute nicht vorstellbar, vom Mythos aber, die Musik könnte so etwas wie der Soundtrack zum Umbruch sein, ist längst nichts mehr übrig. Und das, obwohl es auch in den neunziger Jahren Polit-Rock gab, sogar kommerziell erfolgreichen: Die kalifornischen Polit-Rocker von »Rage Against The Machine« verkauften in der vergangenen Dekade immerhin 13 Millionen Alben. Aber Mainstream wurde das nie und schon gar kein Trend.

Allein Hip Hop und Rap bildeten eine Ausnahmeerscheinung. »Run-DMC«, die »Beastie Boys«, »Public Enemy« oder »Ice T« hielten eine Radikalität aufrecht. Sie erneuerten und transformierten eine Art des Sprechgesanges, des Sermons, wie sie in der Kultur des schwarzen Amerika verwurzelt ist und teils auf Elemente westafrikanischer Kultur zurückgeht. Sie nahmen aber auch andere Traditionen auf, etwa den gepreßten, unmelodischen Sound Bob Dylans. Das war politisch, aber auf spezifische Weise. Was hier zum Ausdruck kam, war der Zorn der Jungs der schwarzen amerikanischen Unterklasse. Zwar konnten sich weiße Mittelklassekids in Sätzen wie »Fight the Power«, »Bring on the Noise« und in den Protestzeichen des Hip Hop auf verquere Weise wiedererkennen, und der Imperativ »Do the right thing« läßt sich an alle möglichen Sehnsüchte nach einem nicht-entfremdeten Leben anschließen, aber die Lebenswelten der ehrgeizigen Ghetto-Kids, die sich mit Gangsta und Rap aus dem Elend der amerikanischen Inner-Cities herauskatapultieren, hatten mit denen der Allermeisten ihres internationalen Auditoriums wenig zu tun. Auch die Gewaltphantasien und die Brutal-Lyrik, Hintergrundmusik zu realen Drive-By-Shootings und virtuellen Massaker-Clips ist für viele wohl nur eine Form der Zerstreuung, ähnlich von der Art, mit der Mittelklassejugendliche, die kein Blut sehen können, sich Gewaltvideos reinziehen. Und gewiß ist, ungeachtet des rabiaten Slangs, das Hip-Hop-Kernmilieu konformistisch – Kinder von ganz unten, sozial und rassistisch ausgegrenzt, die konsumieren wollen, von schönen Frauen und schnellen Schlitten träumen, von Aufstieg und Status, die, kurzum, ihren eigenen amerikanischen Traum träumen (und, bisweilen, auch verwirklichen). Das entwertet diesen Zorn, diese Rage nicht, ist aber wichtig, wenn man die Zeichensprache des Rap verstehen will.

Erst mit dem Aufstieg »Eminems« in den späten neunziger Jahren entstand so etwas wie ein authentischer weißer Rap. Wobei die Tatsache, daß Marshall Mathers alias Eminem in eine globale Starposition katapultiert wurde, einerseits sehr wohl signifikant ist, andererseits aber bis heute kaum noch einen Trend markiert – zu einzigartig ist der Junge aus den Detroiter Elendsvierteln, dessen Lebensgeschichte als »white Negro«, als »poor white Trash« (Eigendefinition) und dessen musikalisches Talent und lyrisches Genie ihn zu einer Ausnahmeerscheinung im internationalen Popgeschäft machen. Zwar ist Eminem, dessen Mutter nie einen Job hatte, der immer am Tropf des Welfare-Systems hing und in den Vierteln der Schwarzen aufwuchs, insofern signifikant, als er »die neue Vielgestaltigkeit der amerikanischen Unterklasse« plötzlich ins Bild rückte und so das »Unbewußte der Nation« sichtbar machte[59], aber er ist auch auf seltene Weise begnadet und damit fähig, Elemente der neuen schwarzen Musik mit Traditionen weißer Musik zu verbinden, ohne das exzentrische Potential des Hip Hop zu verflachen.

Kurzum: Pop war entweder Mainstream, Polit-Pop in Szenen verbannt oder höchstens auf sehr spezifische Weise politisch, in Gestalt des Hip Hop, dessen rebellische Kraft nicht vollends integrierbar war und der mit der Kultivierung des Black-Panther-Slangs sogar explizit an politische Traditionen anschloß. Das war's dann aber.

Ein Niedergang, dessen Geschichte sich auch folgendermaßen erzählen läßt: War »Kultur« vor hundert, vielleicht noch vor fünfzig Jahren das emphatisch »andere« des Kapitalismus, das, was einen Wert hat, ganz egal, ob es etwas kostet, ein Feld der Distinktion, welches noch bis in die ersten großen Zeiten der Populärkultur mit Erfolg bestellt werden konnte, so erlebten wir spätestens in den sechziger Jahren des 20. Jahrhunderts den großen Umschlag. Kultur wurde von der Kulturindustrie vollständig kolonisiert. Und es wurde nicht nur das rebellische Potential der Populärkultur gewinnbringend vermarktet, am kapitalistischen Gütermarkt selbst konnte kaum mehr eine Ware verkauft werden, die neben ihrer praktischen Nützlichkeit nicht auch noch über eigentümliche kulturelle Charakteristika verfügte, gewissermaßen über einen Surplus-Value, einen Mehrwert, der von Buchhaltung und Kostenrechung nur schwer kalkulierbar ist.

RADIKAL GLOBAL – *chinesische Teenager in Peking, 2001*

Das Wertvollste an einem Produkt ist sein Image, der Lifestyle oder die Lebenskultur, die es repräsentiert. Kein Zufall, daß dieses Zeitalter Firmen wie »Nike« hervorbrachte, die eigentlich nichts anderes sind als Images ohne Unternehmensstruktur, eine Zentrale, die für den Vertrieb und das Branding von Produkten sorgt, die sie nicht selbst herstellt. Die Zentrale produziert eben das Entscheidende: das Image. Die Produktion der Ware ist zwar notwendig, aber letztlich doch nebensächlich und wird in Sweat-Shops in der Dritten Welt besorgt. Eine kulturelle Dimension des Kapitalismus, die der britische Theoretiker Terry Eagleton in einer schönen Wendung zuspitzte: »Wenn die Kultur ab den sechziger Jahren für den Kapitalismus entscheidende

Bedeutung zu erlangen begann, so wurde sie in den neunziger Jahren praktisch ununterscheidbar von ihm.«[60]

In einer Ära, in der Kommerz und Populärkultur, Werbung und Lebenskunst, Kapitalismus und rebellischer Abenteuergeist derart zusammengewachsen waren, schien Polit-Pop endgültig Geschichte zu sein, eine rührende Erinnerung an eine Zeit, in der man mit riesigen Plattenalben unter dem Arm nach Hause trabte, mit zittrigen Fingern eine kratzende Nadel auf das Vinyl legte und sich so die Welt der Revolte ins Jugendzimmer holte. Die Aufsässigkeit hatte ihre Unschuld verloren, vor aller Augen; auch der allerletzte hatte mittlerweile begriffen, daß wir nie wissen können, ob der Popstar ein »echter« Rebell ist oder nur das Produkt der Marketingstrategie eines Labels (das gilt, nebenbei gesagt, genauso für Autoren, Schauspieler oder ähnliche).

Eine Komplikation, die übrigens parallel mit dem Aufstieg und der sofortigen, ewigen Entzauberung des Authentischen, Trotzig-Anderen in vielen neu entstandenen Konsumnischen auftrat. Mit dem wachsenden Widerwillen gegen Vermassung und Standardisierung wuchs die Nachfrage nach individuelleren Produkten – nach den »schönen Dingen«, vom traditionellem Handwerk produziert, nach exotischen Speisen, nach ökologisch korrekten Waren. In dem Moment, in dem diese Güter aber auf dem Markt kamen, verrieten sie freilich immer schon das Versprechen, das ihre Attraktivität ausmachte: Ihre Einzigartigkeit und Authentizität wird verzehrt, sie verbrennt gewissermaßen in dem Augenblick, in dem sie zur Ware werden. Das Ökomöbel begründet eine neue urbane Mittelstands-Gediegenheit, auch das »natürliche« Joghurt schmeckt nach Marketingstrategie, und die Biokartoffel riecht nach Alternativspießertum – nach einer zeitgemäßen, nicht einmal besonders raffinierten Art, elitär zu sein.

Es sind diese Ambivalenzen von Authentizitätssehnsucht einerseits, Vermassung und Kommerzialisierung andererseits, die auch den alten Polit-Pop nachhaltig ruinierten. Bis irgendwann um die Jahrtausendwende auf verschiedenen Pfaden »Gesellschaftskritik und *agitative* Politik wieder in stärkerem Maße in die deutsche und internationale Popmusik« zurückgekehrt sind, wie Klaus Neumann-Braun, Axel Schmidt und Manfred Mai in der Einleitung zu dem von ihnen herausgegebenen Sammelband »Popvisionen« konstatieren.[61] Das Feld ist gewiß disparat: Da ist einerseits der spanisch-französische »Globalmatador« (»taz«) Manu Chao, der mit seiner Weltmusik-Mixture »Mestizo« zu dem Tonkünstler der Anti-Globalisierungsbewegung geworden ist, von Prag bis Genua keinen Aufmarsch der No Globals ausläßt, Soli-Konzerte gibt, Millionen von Platten verkauft, in vollen Hallen, aber auch auf der Straße spielt, wenn er darauf Lust hat. Da wird – wie von »Blumfeld« – gegen »die Diktatur der Angepaßten« angesungen (»ich will nicht in eurer Logik leben, nicht so als ob ich einverstanden wär«), da wird die Sozialkritik – wie bei dem Deutsch-Rap-Trio »Beginner« nach eigener Auskunft »expliziter« (»Es ist dunkel hier, aber manche haben Scheinwerfer«). Da schallen von Übersee die Altrapper von »Public Enemy« mit ihrem neuen Album »Revolverlution« über den Atlantik mit manch programmatischem Titel (»Son of a Bush«), und selbst Madonna setzte zuletzt mit »American Life« auf die Anti-Kriegs-Welle und auf, wie manche mäkeln, kalkulierte Provokation.

Was als unbestimmte, teils begriffslose Kritik an Kommerz, Globalisierung und sozialen Härten aller Art begonnen hat anzuschwellen, wurde mit der Verschärfung der internationalen Spannungen nach dem 11. September und spätestens mit Irakkrieg und Anti-Kriegsmobilisierungen zu einem breiteren Strom. »Not in our name« wurde zur Parole der Rockgemeinde: »you can bomb the world to pieces / but you cant bomb it into peace«, heißt es in einem schönen Vers des US-Hip-Hopers Michael Franti.

Natürlich ist der Weg von Protest zum Kitsch, vom Krawall zum Kommerz oft ziemlich kurz und das Tor sperrangelweit offen, hinter dem die Peinlichkeiten harren. Da hatte die Berliner Elektropunk-Band »Mia« gerade noch zu den traditionellen 1. Mai-Krawallen aufgespielt (»Für uns ist das eine sehr aufregende Sache, dabei zu sein. ... Besonders in diesem Jahr, in dem die rot-grüne Bundesregierung dabei ist, den Sozialstaat zu kürzen. Das ist eine Schweinerei ...«) und T-Shirts mit dem Aufruf »No Fuckin' War in Iraq« verteilt, da entdeckte die Frontfrau mit dem Künstlernamen Mieze ihre Liebe zu Deutschland, weil Schröder so tapfer den Irakkrieg ablehnte. »Ein Schluck vom schwarzen Kaffee macht mich wach / dein roter Mund berührt mich sacht / in diesem Augenblick es klickt / geht die gelbe Sonne auf«, heißt es in Schwarz-Rot-Gold-Kitsch in ihrem Song »Was es ist« und weiter: »Es ist was es ist sagt die Liebe / Was es ist fragt der Verstand / wohin es geht das woll'n wir wissen / und betreten neues deutsches Land.« Hier spürt man: Für manche war das Schönste am Irakkrieg, daß man plötzlich wieder ohne Schuldgefühle Deutschland toll finden konnte. Doch sind diese Verse weniger wegen der drolligen Heimatliebe bemerkenswert – dafür hat die Combo von enttäuschten Fans auch eine Fuhre Eier abgekriegt, so daß sie ein Konzert im Hagel Brandenburger Hühnerzucht-Produkte abbrechen mußte –, sondern vor allem, weil man mit dem Kopf darauf gestoßen wird, wie leicht Rebellentum in verkitschten Blödsinn abzudriften vermag. Obwohl »Mia« selbstverständlich eine explizit linke Band ist – nur eben keine ganz stilsichere. Macht aber nichts – einzelne ihrer Songs sind immerhin charmant (»Hungriges Herz«) und bei aller Naivität ganz nett, wenn da bekundet wird, »ich rocke mit dir gegen denkschablonen« (»PRO-Test«). Tatsächlich ist ohnehin vor allem eines interessant: Daß juvenile Rebellionsgesten zum Sound der Stunde werden, sagt vielleicht nichts über die Qualität einer Combo, doch mit Sicherheit etwas über die Stunde aus. »Ich höre Wut von allen Seiten, ich will, daß sich die Lager spalten«, heißt es in einem anderen »Mia«-Schlager.

Daß es für diese Wut – um es in der kühlen Symptomatik des Kapitalismus zu sagen – einen Markt gibt, das hat eine Aussagekraft, die nicht unterschätzt werden sollte. Mit einer Repolitisierung des Pop im weitesten Sinne ist darum zu rechnen, wenn auch nicht mit dem Wiederanbruch des gegen Selbstzweifel gefeiten Politrock, der die ironische Position, in der er sich befindet, nicht mitreflektiert. Wer Pop machen und politisch sein will, hat es gewiß schwer. Schmal ist der Grat, auf dem es zu balancieren gilt, und schwer das Gepäck der rebellischen, längst integrierten Poptradition. Aber gerade deshalb ist es um so bemerkenswerter, wenn es ein paar wieder versuchen und auch schaffen, ziemlich unbeeindruckt von allen lauernden Gefahren auf diesem Grat zu tänzeln; daß diese dann Erfolg haben, ist durchaus symptomatisch. Eine gewisse Abgeklärtheit, die Ahnung, weniger ist manchmal mehr, schadet bestimmt ebensowenig wie das Gefühl dafür, auf die billige »Fuck the power«-Nummer besser zu verzichten, weil man damit eine Halle zum Kochen bringen kann, dafür aber keine sonstigen Fertigkeiten benötigt. Wer von Verweigerung singt und Platten verkaufen will, spürt ohnehin, daß da etwas in ewiger Spannung liegt – vorausgesetzt, daß er nicht ganz vernebelt ist. Wer wüßte besser als der Popstar, daß man mit Liedern gegen die Geschäftemacherei gute Geschäfte machen kann – und daß sie sich am Markt behaupten müssen, wollen sie überhaupt wahrgenommen werden. »Es kann auch gefährlich sein, Politik und Musik zu sehr zu vermischen, wenn man berühmt ist – zu sehr dient Rebellion nur dem Geschäft«, sagt Manu Chao. Und fügt hinzu: »Den eigenen Überzeugungen Ausdruck verleihen und pure

Demagogie – dazwischen liegt eine dünne Linie«. Wenn Judith Holofernes, die Frontfrau von »Wir Sind Helden«, über den »Vermarktungszusammenhang« redet, dann klingt das ähnlich. Man spielt seine Themen und ist zugleich Teil eines großen Spiels, auf das man wenig Einfluß hat. Mit einer erfreulichen Art selbstreflexibler Trotzigkeit sagt sie: »Wir sind nicht konsequent, wir können es gar nicht sein, aber wir machen es trotzdem.«

Wem das zuwenig ist, der soll vortreten. Zu viele Revolten, die aufs Ganze gingen, sind jämmerlich gescheitert.

Gepriesen seien die halben Sachen.

Linke Mythen

8. Her mit dem schönen Leben!

*Mythos Leben. Authentizität, innerer Reichtum,
wahre Gefühle: das Eigentliche, um das sich alles dreht.*

In den sechziger und siebziger Jahren lautete einer der hipsten Slogans der rebellischen Jugend: »Wir wollen alles!«[62] Darin kam schon zum Ausdruck, daß das Ziel der Revolte nicht ein bißchen mehr Gerechtigkeit, auch nicht ein bißchen mehr an Freiheit und Freiräumen ist, sondern eine radikale Umwälzung. Wobei die Umwälzung der institutionellen Ordnung, auch die Umwälzung der »Produktionsverhältnisse«, wie das in der Sprache des orthodoxen Marxismus hieß, immer nur als notwendige Vorbedingung für das Wesentliche, aber doch nicht als das Wesentliche selbst genommen wurde: die Veränderung des Lebens, der Menschwerdung der Menschen. Im Grunde genommen war »Leben« schon immer das, worum es ging, ein Begriff von Würde, der soziale Absicherung wohl einbezog, sich aber längst nicht auf diese beschränkte. »Ein Nichts zu sein, tragt es nicht länger«, hieß es schon in der »Internationale«, der Hymne der linken Arbeiterparteien, die als Ziel formulierte: »alles zu werden«. So ist gewiß erstaunlich, aber doch nur folgerichtig, daß die globalisierungskritische Bewegung »Attac« im Frühjahr 2003 die Bundesrepublik flächendeckend mit Plakaten überzog, auf denen gefordert wurde: »Her mit dem schönen Leben«. Der so kluge deutsche Poptheoretiker Diederich Diederichsen irrt daher in diesem Fall, wenn er in der »taz« erstaunt feststellt, früher hätte eine internationalistische Gruppierung doch eher altruistische Forderungen erhoben, das Leitmodell des Rebellen wäre das des Asketen gewesen, der sich für andere opfert und nicht das des Hedonisten, der »alles« fordert, das ganze »schöne Leben«. Doch so einfach ist das nicht. Tatsächlich berührt dieses komplizierte, aufeinander vielfach bezogene Verhältnis von asketischer Leidensfähigkeit und totalem Lebenshunger einen Kernbestand linker Mythologie, und das im Grunde seit den frühen Tagen von Karl Marx.

Mit dem Begriff der »Entfremdung«, vom jungen Marx eingeführt, ist das Thema angeschlagen: daß der Mensch selbst Verhältnisse produziert, die ihm nicht erlauben, sein Menschsein zu verwirklichen. Er produziert, indem er produziert, eine Welt, die ihm als fremde, feindliche Macht gegenübertritt: den kapitalistischen Kosmos, die Ding- und Sachenwelt mit ihren Maschinen und Waren und ökonomischen Sachzwängen. Marx konzentriert sich wesentlich auf den Arbeitsprozeß. Der Mensch entäußert sich seiner Tätigkeit, bis er sich »in seiner Arbeit nicht bejaht, sondern verneint, nicht wohl, sondern unglücklich fühlt, ... seinen Geist ruiniert«[63]. Er entfremdet sich seinem menschlichen Wesen, in Gang kommt die »Entfremdung des Menschen von dem Menschen«[64]. Die Ding- und Sachenwelt, die der Mensch produziert, beherrscht ihn nicht nur, sie wendet sich gegen ihn, formt ihn nach ihrem Bilde, schafft ein »ebenso geistig wie körperlich entmenschtes Wesen«.[65] Das Privateigentum läßt eine verkehrte Welt entstehen, indem es »die Treue in Untreue, die Liebe in Haß, den Haß in Liebe, die Tugend in Laster, das Laster in Tugend, den Knecht in den Herrn, den Herrn in den Knecht, den Blödsinn in Verstand, den Verstand in Blödsinn«[66] verwandelt. Nun liegt dem noch eine Vorstellung von einem ursprünglichen, echten Menschtum zugrunde, von der sich Marx später selbst verabschiedet, indem er das Individuum als »Ensemble der gesellschaftlichen Verhältnisse« beschreibt[67]. Wenn jede Subjektivität immer schon historisch-gesellschaftlich bestimmt ist, der »Mensch« nicht abstrakt, jenseits von Kultur und Gesellschaft begreifbar ist, dann ist natürlich die Vorstellung eines menschlichen »Wesens« und damit auch die der »Entfremdung« von diesem nur schwer behauptbar. Dennoch bleibt Marx auch später dem Entfremdungsbegriff treu, und eine gewisse Vorstellung, was ein erfülltes, sinnvolles, kreatives menschliches Leben ausmachen sollte, bleibt in seinem gesamten Œuvre am Werke.[68] Kurzum: Die Gewißheit, alle Menschen könnten ein volles Leben verwirklichen, einen nicht näher bestimmten »inneren Reichtum« entfalten, seien allerdings in aller bisheriger Gesellschaft dazu verdammt gewesen, eine zerstückelte Existenz zu leben, war immer Antrieb von Marx' Praxis – seiner theoretischen und seiner politischen. Man könnte dies die Grundlegung eines »hedonistischen« Strangs linken Denkens nennen.

Das asketische Ideal steht damit im Zusammenhang, ist gewissermaßen die Kehrseite der eingeforderten Lebensfülle. Denn die Menschen, die unter dem Kapitalismus leben und von ihm geprägt werden, können ihre Potentiale nicht einfach so verwirklichen – einerseits, weil die herrschende Machtordnung dies verhindert, andererseits aber auch, weil die Menschen, zu Krüppelwesen umformatiert, dazu gar nicht in der Lage sind. Es ist daher »eine massenhafte Veränderung der Menschen nötig«. Darum ist die Revolution doppelt notwendig, nicht nur, »weil die *herrschende* Klasse auf keine andre Weise gestürzt werden kann, sondern auch, weil die *stürzende* Klasse nur in einer Revolution dahin kommen kann, sich den ganzen alten Dreck vom Halse zu schaffen und zu einer neuen Begründung der Gesellschaft befähigt zu werden«[69]. An anderer Stelle führt Marx aus, daß das, worum ihm zu tun sei, »keine kurzatmige Revolution wäre. »Das jetzige Geschlecht gleicht den Juden, die Moses durch die Wüste führt. Es hat nicht nur eine neue Welt zu erobern, es muß untergehen, um den Menschen Platz zu machen, die einer solchen Welt gewachsen sind.«[70]

Dies ist natürlich eine ganz ungeheuerliche Metapher, denn, erinnern wir uns: Gott läßt die Juden nach dem Auszug aus Ägypten nicht zuletzt vierzig Jahre durch die Wüste irren, damit sie ihren sklavischen Charakter ablegen, sich den Schmutz der ägyptischen Untertänigkeit von den Händen waschen. Keiner jener, der auszog, kommt im verheißenen Land Kanaan an – dieses Glück hat nur die Generation derer, die in der Wüste geboren werden. Die Exodusgeschichte hat sich tief eingeschrieben in unser kulturelles Gedächtnis und somit auch in die politische Kultur der Linken. Der Kern dieser Erzählung ist: Wer eine bessere Welt schaffen will, müsse sich selbst opfern, sich selbst erziehen, und das heißt zunächst: Er habe sich zu kasteien. Daß es eines weitsichtigen Führers und Erziehers wie Moses bedarf, der dem sklavischen Volk seine Würdelosigkeit austreibt, ist nur ein Seitenaspekt, der hier nicht von Belang ist, dafür aber um so größere Bedeutung für die tragischen Momente der Geschichte der Linken im 20. Jahrhundert hat.

Das Verhältnis von asketischem Ideal und gutem Leben hat sich seit Marx, verstärkt aber seit dem Ende des Zweiten Weltkriegs immer mehr verschoben: war in der traditionellen Arbeiterbewegung – und erst recht in den kommunistischen Parteien – das asketische Ideal des proletarischen Militanten, der für die Revolution eintritt (und nach der dann irgendwann das Thema des guten Lebens, des Neuen Menschen, auf die Tagesordnung kommt), dominierend, ja wurde in manchen Milieus der Linken die Askese schon als die Verwirklichung des echten Lebens genommen, so setzte nach und nach eine, zunächst fast nicht merkbare, Verschiebung ein. Die Militanten wollten auch schon gut leben und begannen Überlegungen anzustellen, ob es nicht Aufgabe der Revolutionäre wäre, in ihren Kampfformen die gute Gesellschaft bereits zu »antizipieren«, wie es im politologischen Jargon der 70er-Jahre-Linken hieß. Es wurde ein großer Hit. Die große Zeit der Kommunen, Selbsterfahrungsgruppen, der Sozialistischen Patientenkollektive (»Aus der Krankheit eine Waffe machen«), der Kinderläden, Hausbesetzer und der Alternativbewegung brach an, später die von Feminismus, Gender, sexueller Identität, Antirassismus und Autonomen. Die »kapitalistischen Verhältnisse«, wie das etwas bombastisch heißt, wurden zwar noch nicht als letzte Ursache des Übels aus den Augen verloren und die Überzeugung, daß es eines großen Umsturzes bedürfe, blieb aufrecht. Bloß war für die linken Aktivisten – und für die Autoren linker Theorie – nach und nach wichtiger, was das alles für sie, für sie persönlich, gewissermaßen für den eigenen Leib und die eigene Seele bedeute. Dies ist der Hintergrund dessen, was Diederich Diedrichsen die »existentialistische Wende« nennt.

Diese hat längst eine eigene, mindestens vierzigjährige Geschichte, strahlte weit über den Kreis der Linken im engeren Sinn aus und ist auch von einer Gedankenwelt beeinflußt, die oft ganz und gar nicht der Linken zuzurechnen ist. Wird von konservativen und rechten Denkern »Sein«, »Gemeinschaft«, »Kultur« in Stellung gebracht gegen die modernen Verkommenheiten wie »Gesellschaft«, »Zivilisation« oder »Kommerz«, so stehen in der Terminologie der Linken Begriffe wie »Selbstverwirklichung« und »wahres Leben«, Vorstellungsreihen von »Verdinglichung«, »Ökonomisierung aller Lebensbereiche« und ähnlichem antagonistisch gegenüber. Reste davon klingen noch bei (links-)liberalen Denkern von Max Weber bis Jürgen Habermas an, wenn etwa von der Rationalisierung der Lebenswelten und vom fragmentierten Bewußtsein die Rede ist. In den Worten von »Sein« – auf der rechten Seite – oder von »Authentizität« – auf der linken Seite – klingt der Preis an, der Verlust, den die Menschen zu tragen gezwungen sind, wollen sie sich in der modernen, kapitalistischen, abstrakten, rationalistischen Gesellschaft zurechtfinden. Die Geschichte der Moderne ist eine Geschichte der Affekt- und Instinktkontrolle, der Verwicklungen über den engsten Kreis der Mitmenschen hinaus. Wenn man so will: eine Abfolge von Verkomplizierungen. Und weil dieser Prozeß schmerzhaft ist, ist er mit Unbehagen verbunden.

Bisweilen tobt zwischen den linken und konservativen Philosophen ein Schattendiskurs, werden beim anderen Gedankenbruchstücke angeprangert, die sich in der eigenen Gedankenwelt nur leicht verwandelt finden – etwa in Theodor W. Adornos berühmter Polemik gegen Martin Heidegger, in der Adorno den »Jargon der Eigentlichkeit« aufspießt. Hier werde, so Adorno, angesichts kapitalistischer Zerrissen- und Zerstreutheit eine Art altväterliche Subjektivität beschworen, die freilich nichts anderes sei als »Irrationalität inmitten des Rationalen«[71]. Dabei raunt es in Adorno-Texten oft ähnlich dunkelgrau.

Vorstellungen und Träume vom «Eigentlichen« entwickelten, in das Feld der Massenkultur diffundiert, eine mächtige Kraft. Die gesamte Geschichte von Rock und Pop ist nicht verstehbar ohne diese Sehnsucht nach Echtheit und, wie das bald hieß, Authentizität. Der Star, der über die Stränge schlägt, wurde in eine Position des Stellvertretend-Authentischen erhoben. Je schriller der Exzeß, um so überzeugender, daß hier jemand ohne Kompromisse seinen eigenen Weg gehe. Nur folgerichtig, daß der Rockstar, der in blühender Jugend starb, noch ohne in die Verlegenheit zu kommen, sich irgendwie verbiegen zu müssen, zur paradigmatischen Heldenfigur geriet. Rockgötter wie Jimi Hendrix und Janis Joplin, »im Feuer ihrer eigenen Authentizität verbrannt« (Diederich Diedrichsen), waren schnell Fixsterne in dem auf das Selbst orientierten Orbit.

Im weiten Feld der linken Theorie und des emanzipatorischen Sentiments hatte diese authentizistische Wende vielerlei Folgen. Die Faszination, die die chinesische Kulturrevolution auf eine ganze Kohorte radikaler westlicher Jugendlicher ausübte, hat mit diesem Topos der permanenten Veränderung der Existenz zu tun. Der Glanz eines ländlichen Utopia, den Maos Bauernrevolution ebenso ausstrahlte wie die lateinamerikanischen Guerillabewegungen, hatte unerhörte Strahlkraft. Auf dem Land, im Dorf, wurde noch so etwas wie das echte Leben gewähnt, das sein Recht mit der Erhebung der Dörfler einfordert. Das echte Leben nimmt das falsche in die Zange, oder, um das mit Mao zu sagen, die Dörfer kreisen die Städte ein. Wurden in China die Studenten noch auf die Reisfelder zwangsverschickt, reisten westeuropäische Intellektuelle freiwillig zum Ernteeinsatz nach Nicaragua. Das war nie nur pure solidarische Hilfsbereitschaft: An der Seite wortkarger und sonnengegerbter Campesinos sollte eine Wirklichkeit gefühlt werden, zu der verzärtelte Städter keinen Zugang mehr hatten. Auf den Kaffeeplantagen und in den Baracken nach getaner Feldarbeit hofften die vom Kapitalismus innerlich zugerichteten Metropolen-Subjekte auf reinigende Erlebnisse. Ein Begehren, das sich nicht sonderlich von dem ihrer eher unpolitischeren Zeitgenossen unterschied, die sich in die andere Himmelsrichtung orientierten: die sich bunte, exotische Klamotten überzogen und ihre WG-Zimmer mit Räucherstäbchen verpesteten oder die gar, zum totalen Neubeginn entschlossen, ihre Rucksäcke packten und sich ins hintere Indien zu Baghwan und anderen Gurus davonmachten.

Der düstere Sound über die »totalitäre« ökonomisch-technische Gleichschaltung in der westlichen Massenkultur, den niemand so eindringlich anschlug wie Herbert Marcuse, eine der Urgestalten der Kritischen Theorie, war so etwas wie ein Ohrwurm. Es ging, mit einem Wort, um die »Neuzusammensetzung des Lebens« (Toni Negri), wie das die italienische Autonomia-Bewegung zuerst theoretisierte: Man trat für bestimmte Ziele ein, aber schon das Engagement alleine, egal ob die Ziele durchgesetzt würden oder nicht, sollte einen inneren Veränderungsprozeß in Gang setzen. »Das Eintreten für die eigene Sache«, formuliert Toni Negri heute noch, »eröffnet den Zugang zum Glück der Wahrheit und zur Lust des Lebens.«[72]

Mit dem Rückgriff auf Marx wurde die Revolutionstheorie auf subtile Weise umformuliert. Der Begriff der Bedürfnisse wurde vom engen Korsett der materiellen Subsistenzmittel befreit und erweitert: Die Wünsche nach geistiger Verwirklichung, kreativer Betätigung, aber auch nach sozialem Zusammenhalt und Geborgenheit wurden nun ebenso dem Bedürfnissystem zugerechnet wie Sehnsüchte aller Art. Die exilierte ungarische Philosophin Ágnes Heller hat zur Theorie der Bedürfnissysteme damals erstaunliche Beiträge geliefert, die von unorthodoxen Linken im Westen verschlungen wurden. Paradox, denn eigentlich hat Heller ihre Ideen als subversive Einsprüche gegen die autoritären poststalinistischen Regimes im Osten formuliert, die ja das Streben nach Autonomie der Subjekte nicht weniger unterdrückten als der westliche Kapitalismus – um das mindeste zu sagen.

»In der kapitalistischen Gesellschaft wird die Unmittelbarkeit unterdrückt«, formulierte Heller und fügte hinzu: »In dem Versuch, aus dem herrschenden Bedürfnissystem auszubrechen, liegt die einzige Möglichkeit.«[73] Hellers wesentliche Pointe war, daß es radikale Bedürfnisse gebe, die nicht – auch nicht von wohlfahrtsstaatlich, sozialpartnerschaftlich organisierten kapitalistischen Gesellschaften – gestillt und integriert werden können; und daß diese Bedürfnisse nicht auf einem metaphysischen Menschtum beruhen, sondern am Humus der aktuellen Verhältnisse selbst gedeihen. »Dieses Bewußtsein (die radikalen Bedürfnisse) bringt der Kapitalismus *notwendigerweise* hervor«[74], verkündete Heller. Der Kapitalismus reduziert allen menschlichen Verkehr, um das mit einem Marx-Wort zu sagen, auf die nackte, bare Zahlung, er löst aber auch alle anderen Bande zwischen den Menschen auf, jede Person ist eine kleine Wirtschaftseinheit, und so ist der Individualismus die logische Ideologie dieses Zeitalters. Der Kapitalismus ist so wirkungsmächtig, weil seine Versprechen so mächtig sind: Autonomie, daß jeder seine Kreativität verwirklichen könne, daß jedem Respekt zustehe, begegnen sich die Menschen doch als Gleiche unter Gleichen etc. Und dies sind Bedürfnisse, die, im Unterschied zu materiellen Forderungen wie etwa nach Arbeitszeitverkürzung, Lohnerhöhungen oder reformerischer Sozialgesetzgebung, im Kapitalismus nie vollends befriedigt werden können. Eine Paradoxie, aber eine explosive: »daß nämlich dieselbe Gesellschaft, die das Bedürfnissystem sowohl der herrschenden als auch der Arbeiterklasse ... zu ›Haben‹ reduziert und zur ›Habsucht‹ homogenisiert, die dem *entgegengesetzten* ›radikalen Bedürfnisse‹ hervorbringt, welche die kapitalistische Gesellschaft transzendieren«.

Es ist eine ironische, wenngleich aber gewiß nicht zufällige Volte der Geschichte, daß Theorien wie diese gerade in einer Ära entwickelt wurden, in der der Kapitalismus selbst sein Antlitz veränderte. Die Epoche der fordistischen Massenproduktion mit ihren standardisierten Produkten und Produzenten ging zu Ende, das Zeitalter des flexiblen, dezentralen Kapitalismus brach an. Heute fordert auch die Werbung: »Das Leben ändern«, und die Computerfirma Apple gebietet auf ihren Plakaten: »Denke anders«. Der repressive Ordnungsstaat stirbt, aber anders als in der kommunistischen Theorie vorgesehen, wird er zum Nachtwächterstaat verschlankt. Der Beschäftigte, der seine eigenen Ideen einbringt, voller Unternehmer- und auch Widerspruchsgeist, ist die paradigmatische Figur der neuen Firmenphilosophie. Aus dem Pathos des Neu-Beginnens wurde der Kult der Jugendlichkeit. Die Verachtung aller Konventionen wurde zum Betriebsmodus der Reality-TV-Formate und zum Prinzip mancher pädagogischer Moden. Die Autonomiewünsche und auch die rebellischen Impulse der Subjekte werden der neuen, digitalisierten kapitalistischen Realität nutzbar einverleibt. Nur werden die Subjekte darob erst recht nicht froh. Mobilität, Flexibilität und Kreativität werden entsprechend der Verhältnisse eingefärbt und zu eigenen Habitusformen, durch herrschende Imperative in Routinen sozialen Verhaltens umgewandelt. Das Leben wird verändert, aber anders, als von den emanzipatorischen Theorien ersehnt. Ja, ein neuer Mensch betrat die Bühne, von der Sozialforschung auch schon in empirischen Feldstudien entdeckt – streng individualistisch und dennoch schon längst ein Massenphänomen: der Typus des »reflexiven Mitspielers«, wie ihn der Soziologe Sighard Neckel nennt. Er verhält sich taktisch in allen Lebenslagen und scheint über alles aufgeklärt. Konformismus und Kritik greifen bruchlos ineinander. Mit bekennender Rücksichtslosigkeit verfolgt er seine Interessen, macht sich selbst zur Marke, doch die Angst vor Abweichung und Versagen verfolgt ihn Tag und Nacht. Er ist Ich-AG und Selbstverwerter. »Er verkörpert die Kampfstimmung, von der unsere Gesellschaft durchdrungen ist«, charakterisiert ihn Thomas Assheuer in der »Zeit«.[75] Jenseits dieses Typus gibt es noch viele Schattenfiguren: kalkulierende Non-Konformisten, halb-scheiternde Selbst-Unternehmer und viele andere, längst virtuos in dem Spiel der Autonomie, dessen Regeln sie bestens verinnerlicht haben.

Man kann sagen, diese modernen Typen sind um so entfremdeter, je freier sie sind. Das radikal Entfremdete an ihnen ist, daß sie so gut funktionieren, daß so etwas wie eine manifest repressive Dimension kapitalistischer Herrschaft gar nicht mehr nötig ist, auch nicht mehr in Restbeständen. Unsichtbare Fäden der Abhängigkeit reichen aus. Welchen Job sie immer tun, sie wissen selbst gut genug, wo »der Markt« die Grenzen zieht. Die alten Arbeitsformen, Fordismus und Taylorismus, Fließband, strikte innerbetriebliche Planung und klar zugewiesene Aufgaben für alle – vom Direktor über die leitenden und kleinen Angestellten bis zu Fach- und Hilfsarbeitern –, beruhten darauf, »die Menschen wie Maschinen zu behandeln«, schreiben Luc Boltanski und Ève Chiapello in ihrer großen Studie über das, was sie den »neuen Geist des Kapitalismus« nennen. »Gerade weil allerdings die eingesetzten Methoden eine Robotisierung der Menschen bedeuten, können die menschlichsten Eigenschaften der Arbeitnehmer – ihre Gefühle, ihr Moralverständnis, ihre Ehre, ihre Erfindungsgabe – nicht unmittelbar in den Dienst des Profitstrebens gestellt werden.« Die neuen Strukturen des digitalisierten Kapitalismus, mit seinem Künstler-Ethos (»Selbstverwirklichung«) und flachen Hierarchien (»Eigeninitiative«) dringen darum »in gewisser Hinsicht gerade aufgrund ihrer größeren Menschlichkeit tiefer in das Seelenleben der Menschen ein«[76]. Gleichzeitig wäre die Behauptung der »totalen Entfremdung« natürlich eine höchst zynische Deutung. Denn die Freiheitsgewinne sind ja real. Wer das anders sieht, soll die Probe machen: Regelarbeit im klassischen Büro oder gar am Fließband oder Telearbeit in der New Economy – beides versucht, kein Vergleich.

Ohnehin würde totale Entfremdung bedeuten, daß das Gefühl von Entfremdung nicht mehr existiert. Doch das Gegenteil ist der Fall: Das Unbehagen, das sich in den rebellischen Gesten äußert, zeugt davon ebenso wie der Radical Chic, aber auch die Coolness, mit der manche einen »guten Job« an den Nagel hängen, wenn er mit ihrer Auffassung von einer sinnvollen Tätigkeit nicht in Einklang zu bringen ist, oder die grassierenden Ausbruchsphantasien jeder Art. Daß dieser Hunger nach Eigentlichkeit selbst schon wieder reflexiv ist, also immer schon aufgeklärt über seine letztendliche Unstillbarkeit, macht die Sache wohl komplizierter, ändert aber nichts an dem Sachverhalt. Gewiß nehmen die Subjekte ihren Wünschen gegenüber längst eine ironische Haltung ein, etwa von der Art, wie sie der Titel einer indes berühmt gewordenen René-Pollesch-Soap im Berliner Prater anzeigt: »Die Falsche-Leben-Show«.

Sie mögen fähig sein, über ihre Sentiments zu lachen, doch hinter diesen hockt immer noch das – und sei es auch schlecht verborgen –, was von allem Anfang an bei den linken Emanzipationshoffnungen im Zentrum gestanden hat: die Sehnsucht nach dem guten, dem echten Leben. Echt leben, um einmal echt fühlen zu können. Gesucht werden, wie in den Pollesch-Stücken, »Gefühle, die irgendwer noch übrig hat. Gefühle, die irgendwo noch übrig geblieben sind und für die zu leben man gleich sein ganzes GOTTVERDAMMTES LEBEN ÄNDERN MÜSSTE. Gefühle, die dein Leben deregulieren.«

Und so schreit einer der Pollesch-Textträger. »Ja, das will ich, DEREGULIERTE GEFÜHLE FÜHLEN!«[77]

Gewiß ist es somit kein Zufall, daß bei einem Kongreß unorthodoxer deutscher Linker unlängst eine Gruppe hervortrat, die die existentialistische Wende buchstäblich schon im Namen trug. Der lautete nämlich: »Schöner Leben Göttingen.«

9. Der Partisan

*Mythos Gewalt oder: Wenn die Lebensgier
in den Todeskult umschlägt.*

An einem lauen Sommerabend harrte im Wiener »Republikanischen Club« die Community, Schulter an Schulter eng gedrängt, stehend, am Boden sitzend, geduldig auf einen Mann mit einem berühmten Namen. Der Star des Abends hatte sich verspätet, weil die Hauptdurchfahrtsstraßen der Stadt hoffnungslos verstopft waren – spielten doch zur selben Zeit im zentralen Fußballstadion der österreichischen Hauptstadt die Rolling Stones. Als Camilo Guevara kam, war er schon optisch eine Enttäuschung, was aber der weihevollen Stimmung wenig Abbruch tat. Ein etwas pummeliger Frühvierziger mit Babyface und diesem bestimmten leeren Blick in den Augen, der einem sofort das Gefühl vermittelt: dahinter ist nicht viel los. Dennoch begegnete das Publikum dem jüngsten Sohn des Che mit jener Verehrung, der dem Sproß eines Quasi-Heiligen zukommt. Man wollte die Worte des Che hören; da der dummerweise nicht mehr reden kann, hoffte man, er könnte durch seinen Sohn sprechen. »Wäre ihr Vater heute einer der Führer der Antiglobalisierungsbewegung?« wollte eine junge Frau von dem rundlichen Blondschopf wissen, der gerade drei Jahre alt war, als Che Kuba verließ, um im Kongo den bewaffneten Kampf wieder aufzunehmen. »Ja, das ist eine junge Bewegung von Aufständischen«, adelte Camilo Guevara die No-Global-Szenerie, um sich dann der nächsten Frage zuzuwenden. Ob ihn an seinem Vater etwas störe? »Ich weiß nicht, eigentlich nichts. Er war ein so außergewöhnlicher Mensch. Aber sicher hatte er auch einmal einen schlechten Tag.« Peinlicherweise waren in Kuba wenige Tage vor dieser

Zusammenkunft ein paar Bauern, die von der Insel zu fliehen versuchten, zum Tode und eine Handvoll dissidenter Literaten zu harten Gefängnisstrafen verurteilt worden, so daß man Camilo auch nach seiner Meinung dazu befragte. »Es gibt NGOs, die die Destabilisierung Kubas betreiben. Kuba braucht bedingungslose Unterstützung, wir sind der Schützengraben, wo sich alles entscheiden wird«, hob der junge Guevara, ganz Botschafter des altersstarren Fidel Castro an. Selbst zum Thema Todesstrafe fiel ihm nur ein, dies sei »sehr kompliziert«, und er habe da »keine Lösung«, vertraue aber auf die Weisheit der Führung in Havanna. Ob er sich vorstellen könne, sich wie sein Vater an die Spitze der globalen rebellischen Bewegungen zu stellen, wollte dann noch ein junger Mann wissen, worauf Camilo Guevara mit dem denkwürdigen Satz abwehrte: »Ich fühle mich als Revolutionär, aber ich bin keine Persönlichkeit.«

Besser hätte man das kaum sagen können.

Große Persönlichkeiten haben keineswegs selten trostlose Nachkommen, das wäre an sich nicht der Rede wert. Und gewiß ist es ein schweres Los für ein Kind, mit dem Nachnamen Guevara durchs Leben zu gehen. Dies hat es dem Sohn sicher nicht leichter gemacht, irgendwelche nennenswerten Fähigkeiten auszubilden. Nur ist – gerade wenn man sich dies vor Augen hält – um so erstaunlicher, aber auch signifikanter, daß sich, wo immer der Mann mit dem klingenden Namen und den hohlen Sätzen sich auf ein Podium schiebt, die jungen und ergrauten Rebellen drängen – Glanz in den Augen, in der Hoffnung, etwas abzubekommen vom Hauch der Geschichte, der den Mann mit dem großen Vater umweht.

Der Che ist mit Sicherheit der Posterboy der Revolution schlechthin, des Kommunismus größter Popstar. 75 Jahre wäre der »Revolutionär, Arzt, Traumtänzer« (»Stern«) im Jahr 2003 geworden, und er ist eine der mysteriösesten Figuren in der an Seltsamkeiten nicht armen Geschichte der Revolutionen des 20. Jahrhunderts. Nach seinem Tod 1967 – sein Versuch, die Revolution via Bolivien nach ganz Lateinamerika zu exportieren, endete in einem ebenso grotesken wie tödlichen Fiasko –, war er schnell zu einer Ikone aller Revoltierenden von Berlin bis Rom, von Paris bis Mexiko City geworden. In den siebziger Jahren hatte das Poster mit dem Schnappschuß des berühmten Fotoreporters Alberto Korda einen fixen Platz in allen Jugendzimmern und über WG-Tischen. Zwischendurch war er zwar etwas aus der Mode gekommen, doch jetzt ist Che wieder sehr en vogue, Kultfigur trotziger Teenager und moralisierender Twens. Über den Demonstrationen gegen den Irakkrieg wehte sein Antlitz ebenso wie über denen der No-Globals-Bewegung. Das Supermodell Kate Moss joggt im Che-T-Shirt. Im Sommer sitzt in fast jedem U-Bahn-Abteil ein Schüler mit einem Che-Bild auf der Brust. Selbst in rustikaleren Gegenden ist das Che-Antlitz aus dem Alltag nicht mehr wegzudenken: Unlängst begegnete ich beim Skifahren einem Ski-Lift-Wart, der den Che am Jackett trug. Che-Merchandising treibt wilde Blüten. Bikini, Kaffee-Pot, Zigaretten, Feuerzeug, Handyschale, Swatch, Papiertaschentücher – kaum ein Produkt des alltäglichen Lebens, das nicht auch mit Che-Porträt zu haben ist.

Der Che ist eine Chiffre für heroische Gesten oder auch bloß Signatur für eine Art unbestimmter Verweigerung und für ziellose Sehnsucht, für ein romantisches »das Unmögliche wagen«; er ist der sanfte Rebell, der zärtliche Krieger. Als »Jesus Christus mit der Knarre« hat ihn gar Wolf Biermann einst besungen. Das ist ihm heute gewiß selbst peinlich.

Dabei ist das Image der mystifizierten Ikone mit dem realen Che nicht immer leicht in Deckung zu bringen. Mythos und Wirklichkeit klaffen auseinander. Blicken wir also zurück.

Es war im Februar 1957 gewesen, Fidel Castros Guerillatruppe streifte erst ein paar Monate durch die kubanische Sierra Maestra, da fingen die Freischärler ihren ersten Verräter – einen Bauern, der ihre Stellungen an die Armee ausgeplaudert hatte. Schließlich verkündete Fidel Castro, der Mann werde hingerichtet, und ging einfach weg. Auf wessen Konto der erste Füsilierte der Revolution gehen sollte, wollte der *Jefe* – »der Chef« – nicht bestimmen. »Die Situation war (…) unangenehm, also machte ich dem ganzen ein Ende und schoß ihm mit einer 32er-Pistole in die rechte Gehirnhälfte mit Austrittsloch am rechten Schläfenbein. Er röchelte noch ein wenig, dann war er tot«, notierte Ernesto Che Guevara an diesem Tag in sein Tagebuch.[78]

Che – ein eiskalter Revolvermann? Natürlich ist das nur eine Seite des Che. Aber daß er ein besonders sympathischer Kerl war, behauptet kaum jemand von denen, die ihm begegnet sind. Régis Debray etwa, der französische Philosoph, der 1967 an Guevaras Seite in der Guerilla in Bolivien kämpfte, meint, zwischen Che und seinen Gefolgsleuten habe eine »unendliche innere Distanz« geherrscht – der legendäre Guerillero sei »unsympathisch und bewundernswert« zugleich gewesen.

»Sehr herrisch war er«, berichtet Alberto Korda, der Reporter, von dem das wohl am häufigsten vervielfältigte Foto der Welt stammt – das von Che mit dem Jesus-Blick, mit dem langen Haar im Wind und der Mütze, auf der der rote Comandante-Stern leuchtet.

Und Jean Ziegler erinnert sich, Che sei »ein ziemlich kalter Mensch gewesen, so im Umgang«. Der Schweizer Autor, Politiker, Intellektuelle hatte dem Comandante Mitte der sechziger Jahre zwei Wochen lang als Chauffeur zu Diensten gestanden. Ziegler: »Er war nicht dieser Typ lateinamerikanischer Herzlichkeit, er war eher fein-subtil, ironisch. Immer distanziert, ein Mann, den man respektierte, aber mit dem man sich nur schwer Freundschaft vorstellen konnte.«

LINKS, WO DAS HERZ SCHLÄGT – *Model auf der Modewoche Sao Paulo, 2002*

Bei näherer Betrachtung ist Guevara eine verstörende Figur. Arzt und Intellektueller, las er erst Freud, Adler, Jung, dann Sartre (der nannte ihn später »den vollkommensten Menschen unserer Zeit«), bevor er zu Mao und Marx griff, und er war ein Abenteurer, bevor er ein politischer

Kämpfer wurde. Das asthmakranke Kind, aus bester argentinischer Familie, das von Jugendtagen an Konventionen mißachtete und sich damit brüstete, wie selten es sich wusch; gewissermaßen ein Aristokratenkind, das als Tramp durch ganz Lateinamerika zog; das in Guatemala einen von den USA organisierten Putsch miterlebte und seinem Tagebuch anvertraute, als die Bomben über der Hauptstadt fielen: »Zu meiner Schande muß ich gestehen, daß es mir großen Spaß machte ... Ein leichtes Bombardement ist erhebend.« Ein junger Mann, in dem Lebenshunger steckte, aber auch mehr als nur eine Prise Todessehnsucht, und der, um zum Revolutionär zu werden, einen starken Einfluß benötigte: »Den kubanischen Revolutionär Fidel Castro kennenzulernen ist ein politisches Ereignis«, notiert er und später: »Ich habe jemanden wie ihn gebraucht, der mich mitreißt.« Eigentlich war er als Arzt für Castros Guerillatrupp vorgesehen, doch schon bald tauscht er Medizinbeutel gegen die Knarre. Er war, was man so verwegen nennt, von einem »notorischen Desinteresse an der eigenen Sicherheit«, wie es in Jon Lee Andersons Biographie heißt.[79] Che legte aber auch einen geradezu kalvinistischen Eifer bei der Verfolgung jener an den Tag, die vom »rechten Weg« abzukommen drohten; der Pfad der Kolonne, die er – zum Comandante ernannt – befehligte, ist übersät mit den Leichen von Verrätern und Deserteuren, deren Hinrichtung er befohlen und teils auch vollstreckt hat. Nach dem Sieg der kubanischen Revolution erhielt er das Kommando über die Festung La Cabana, wo Kollaborateuren und Folterknechten des gestürzten Batista-Regimes der Prozeß gemacht wurde. Hunderte, wenn nicht Tausende wurden hier hingerichtet. Che Guevara war dafür direkt verantwortlich. »Revolutionen sind häßlich«, sagte er einmal, die Opfer seien aber gerechtfertigt, weil sie »zur künftigen Gerechtigkeit« beitragen.

»Sei umarmt von CHE«, schrieb er zu dieser Zeit an

einen Jugendfreund und fügte hinzu: »So heiße ich jetzt, und so werde ich in die Geschichte eingehen.« Seine kubanischen Mitstreiter hatten ihm diesen Namen verliehen, weil er das in Argentinien typische »He, Du« – »Che« – in jedem zweiten Satz verwendete.

Die Geschichte! Über sie kreisten seine Gedanken häufig. Der Che-Mythos ist so gesehen zu einem nicht unbeträchtlichen Teil Selbst-Mythologisierung. Seine Rigidität, seine Stilisierung zum strengen, harten Führer, entsprach sicher seinem leicht pedantischen Charakter, war aber stets und vor allem der Versuch, auf seine Zeitgenossen zu wirken. Noch als Nationalbankpräsident und Industrieminister meldete er sich samstags zum freiwilligen Arbeitsdienst, schnitt Zuckerrohr. Auf das Ministergehalt verzichtete er, begnügte sich mit dem spärlichen Sold des Comandante. Als er seine Ämter niederlegte, um wieder in den Krieg »gegen den Imperialismus« zu ziehen – zuerst in den Kongo, dann nach Bolivien –, schrieb er in dem Abschiedsbrief an seine Eltern: »Viele werden mich einen Abenteurer nennen, und ich bin auch einer; nur von einem anderen Typ, einer von denen, die ihre Haut hinhalten, um ihre Wahrheit zu beweisen.«

Deswegen können selbst die Enthüllungen über die gewalttätige Entschlossenheit, mit denen Che seine Ideen in die Tat umzusetzen versuchte, seinem Mythos wohl wenig anhaben. Welche Fehler er auch gemacht hat, er hat immerhin nicht nur andere den Preis dafür bezahlen lassen. Darum war er eine eminent antisowjetische Ikone: Er saß nicht in einem Kreml oder Revolutionspalast und begutachtete bei Sekt und Kaviar die Experimente am »neuen Menschen«, sondern nahm in einer Art »Selbstversuch« daran teil – mit einer Radikalität, die im Kern mysteriös bleibt. Letztendlich prägte ihn ein apokalyptisches Streben zum Tode hin. Das erweist sich nicht nur am illusionär-grotesken Leichtsinn seiner Guerillaabenteuer in Afrika und in

Bolivien, sondern durchzieht seine Schriften, seine Theorie von der Guerillamethode, seine Kritik an der Sowjetunion, deren Führern er Ängstlichkeit vorwarf und deren Konzept der »friedlichen Koexistenz« zwischen kommunistischer und kapitalistischer Welt dem Mann, der sich immer mehr radikalisierte, verhaßt war. Vieles, wenn nicht alles, was er an den feisten KP-Führern zwischen Kreml und Wandlitz zu kritisieren wußte, war richtig – und doch stockt einem das Blut in den Adern bei der Vorstellung, an ihrer Stelle hätte Che Guevara gesessen, der einen »Dritten Weltkrieg« entfesseln wollte und der den Sowjets nie verzieh, daß sie in der Raketenkrise 1962 davor zurückschreckten, Atomsprengköpfe über den USA zu zünden. Immer mehr wurde er zu einem Theoretiker der Gewalt, das prägte auch die Wortwahl. In seinen Schriften und Reden gibt er nach und nach den Begriff »bewaffneter Kampf« auf und ersetzt ihn durch das ungeschönte Wort »Gewalt« – die sei die »Hebamme der neuen Gesellschaften«. Am Ende opferte er alles, um »den Kampf bis zum Äußersten zu verschärfen«, und sang ein Loblied auf den »Haß«, den »unbeugsamen Haß dem Feinde gegenüber«. Der Guerillero »muß in eine wirksame, gewaltsame, kalte Tötungsmaschine verwandelt werden«, im Dienste »einer heiligen Sache, der Erlösung der Menschheit«.[80]

Das sind Zitate aus einem der berühmtesten Texte Guevaras, der in dem Aufruf gipfelt, »zwei, drei, viele Vietnam« zu schaffen – keine »Geheimschrift«, sondern eine, die gierig aufgesogen und, zur Parole verdichtet, auf Transparenten durch die Kapitalen der Welt getragen wurde. So drängt sich die Frage auf, ob Guevara *trotz* seiner apokalyptischen Phantasien vom »absoluten Krieg« zu einer Kultfigur wurde – oder nicht doch eher *deswegen*. Welche Tiefensehnsüchte werden angerufen mit der Mythisierung des Guerilleros? Da ist einmal, meint der Berliner Schriftsteller Hans-Christoph Buch, der alte europäische Mythos vom

»edlen Wilden«, dem Krieger mit Sex-Appeal, der den übermächtigen Feind sportlich austrickst. Hinzufügen könnte man: Es gibt die lange Traditionslinie eines Vitalismus, die das wahre Leben in der existentiellen Erfahrung des Krieges wähnt und die von der Stahlgewitter-Prosa des Ersten Weltkrieges bis zur Ansicht des CNN-Chefs reicht, der anläßlich des Irakkrieges verkündete, der in den Krieg »eingebettete« Journalismus sei der »eigentliche«, »wahre« Journalismus – die Vorstellung also, elementare, echte Empfindungen seien nur im Zustand extremer Gefahr möglich. Und nicht zuletzt ist das kulturelle Gedächtnis des Westens tief geprägt von der biblischen Vorstellung, die Erlösung setze eine apokalyptische Katastrophe voraus. Armageddon. Tabula rasa. Zerstören, um aufbauen zu können. Weltuntergang, als Voraussetzung zur Schöpfung einer neuen Welt. Töten für das Wahre, Füsilieren für das Gute, Niedermähen für das Schöne.

Der Guevara-Mythos ist tief verbunden mit diesem Pathos des Zerstörens um des Schöpfens willen, er beruht gerade nicht auf dem empfindsamen Kämpfer für das Gute, sondern lebt von dem Kontrast: ein Rambo, aber ein sensibler. Zarter Finger und Eisenfaust. Einer, der ohne zu zögern tötet, ein halbes Dutzend Kinder vaterlos zurückläßt, ihnen aber vorsorglich schriftlich die Botschaft hinterlegt: »Seid immer fähig, bis ins tiefste jede Ungerechtigkeit zu empfinden, die irgendwo auf der Welt irgend jemandem angetan wird. Das ist die schönste Eigenschaft eines Revolutionärs.«

Der Guevara-Mythos ist, mit einem Wort, so verstörend wie Guevara selbst. In ihm erweist sich ein spezifischer linker Kult der Gewalt, ein tiefer Zusammenhang jener Gier nach einem nicht-entfremdeten Leben, wie sie im vorhergehenden Kapitel analysiert wurde, im Verein mit einer seltsamen Todessehnsucht. Und kaum jemand hat das auch theoretisch-literarisch derart an die Grenze getrieben wie der Che. Der Krieg ist »die erste historische Etappe« der Erziehung eines neuen Menschengeschlechtes, denn der Guerillero führt »einen verantwortungsvollen Auftrag« aus, »ohne eine andere Befriedigung als das Gefühl zu haben, seine Pflicht zu erfüllen«. Er kämpft für eine neue Gesellschaft, und die »muß sich in ihrer Gesamtheit in eine riesige Schule verwandeln«. Der Mensch habe »sich als das unbedeutendste Rädchen im Getriebe« wahrzunehmen, der Individualismus habe zu verschwinden, und gerade das – so die paradoxe, dialektische Volte – werde dazu führen, daß das Individuum sich erfüllter fühlt, voller »innerem Reichtum«[81]. Kurzum: Der Sturz der Herrschenden setzt Krieg voraus, doch dieser Krieg ist auch eine große Schule der Seele.

Nun ist die Identifikation von politischem Engagement und das Sprechen darüber in Metaphern des Krieges nichts speziell Linkes. Die Vorstellung, daß Politik »der mit anderen Mitteln fortgesetzte Krieg« sei, dieses Diskursmotiv wurde von Michel Foucault[82] ausführlich analysiert und ist seit drei, vierhundert Jahren mächtig geworden. Aber es wurde im linken Diskurs spezifisch eingefärbt – und radikalisiert, bis hin zur Sehnsucht nach einer totalen Intensivierung der Spannungen, nach einem planetarischen Bürgerkrieg, wie das im Guevara-Wort vom »absoluten Krieg« anklingt. Der Zusammenstoß der Klassen, von Marx schon im Begriff von der »Geschichte als Geschichte von Klassenkämpfen« angelegt, wurde martialisch gedeutet. Selbst die ideologischen Kontroversen, die Auseinandersetzungen über Diskurshegemonien, wurden in dieser Sprache ausgedrückt. Berühmt ist etwa das Wort von Antonio Gramsci, der in Hinblick auf diese ideologischen Kontroversen häufig von einem »Stellungskrieg« sprach. Und für den französischen kommunistischen Philosophen Louis Althusser war es die Aufgabe des linken Intellektuellen, »eine Demarkationslinie« zu ziehen.

Auch heute noch sagt der kleine Gewerkschaftsfunktionär, der gelegentlich eine Handvoll Flugblätter verteilt, von sich gerne, er sei »ein Kämpfer«.

Man könnte einwenden, eine solche Wortwahl habe doch ihre Berechtigung. Die Auseinandersetzung zwischen Privilegierten und Unterprivilegierten ist ein Kampf, und dieser wurde nicht selten als regelrechter Krieg ausgetragen, was unvermeidbar ist, wenn die unten nicht klein bei-, die oben ihre Macht nicht abgeben wollten. Noch in der reguliertesten Form der Interessensartikulation der Schwachen steckt schließlich ein kollidierender Kern: selbst ein Streik, letztendlich, ist Gewalt, *strike*, also Schlag. Und Konflikte dieser Art sind nun einmal der Motor der Geschichte, mag die Diskursanalyse mäkeln, soviel sie will.

Einverstanden. Nur sitzt der Gewaltmythos tiefer. Wir haben schon gehört, daß für Marx der gewaltsame Umsturz, die Revolution, nicht allein deshalb notwendig war, weil die Herrschenden nur so gestürzt werden können, sondern auch, weil sich die Beherrschten in einem solchen Prozeß fortgesetzter Umwälzung den »ganzen alten Dreck vom Halse« schaffen müssen. Der »neue Mensch« entsteht im Kampf, die Tür zu einem anderen Leben wird gewissermaßen aufgestoßen, indem man das Leben riskiert – das alte Leben, um das es ohnehin nicht schade ist. Ohne dieses Gedankenbild wäre der Guerillero in der zweiten Hälfte des zwanzigsten Jahrhunderts wohl nicht zu einer solchen zentralen Gestalt linker Mythologie geworden. Gewalt wird reinigende Wirkung zugeschrieben. Das klingt allein im Unwort »Säuberung« an. Der Guerillero, der sich entscheidet, mit der Waffe in der Hand den Kampf aufzunehmen, kann zwar Fehler, sich im einzelnen die Finger schmutzig machen, aber doch nie »unsauber« sein. Seine Ziele rechtfertigen sein aktuelles Tun nicht nur, die Opfer sind nicht bloß in Kauf zu nehmen, sie sind auch wichtig, um die Ziele zu erreichen. Der Guerillero, dafür steht der

Che nur pars pro toto, ist gewalttätig für die Gewaltlosigkeit, Desperado der Feinfühligkeit. Eine Übergangsfigur, wie das Geschlecht, das durch die Wüste zieht und mit Gewißheit im gelobten Land nie ankommen wird. Er ist ein bißchen »neuer Mensch«, aber doch noch alter: So ist ihm jede Untat, zu der ihn Geschichte und Verhältnisse zwingen, immer schon vergeben. Er ist in der tragischen Position der Genossen aus Brechts »Maßnahme«, die töten müssen, damit nicht mehr getötet werden muß. Was umgekehrt bedeutet: Er darf töten und bleibt dennoch – um nicht zu sagen, gerade darum – romantischer Held. Jedenfalls dann, wenn er selbst mit untergeht und nicht, wie manch anderer glühender Revolutionär, zum Apparatschik wird und nach einer zweiten Karriere als Despot, Bürokrat oder Tschekist sich auf das Altenteil begibt, bevor er die letzte Reise zum sozialistischen Heldenfriedhof antritt.

Kaum jemand hat auf dieser Klaviatur so virtuos gespielt wie Che Guevara. Vergleichbar ist er in dieser Hinsicht allenfalls mit einem brillanten Intellektuellen und Psychiater aus Martinique, der es als Militanter der algerischen Revolution zu globaler Berühmtheit gebracht hat und dessen Buch »Die Verdammten dieser Erde« mehrere Generationen elektrisierte – mit Frantz Fanon, der wohl nur deshalb nicht Guevaras Kultstatus erreichte, weil er zu früh an Leukämie verstorben ist. Als Psychiater hat er die neurotische, seelische Verkrüppeltheit der Kolonisierten tagtäglich miterlebt, ein »Arsenal an Komplexen ..., das sich im Schoß der kolonialen Situation herausgebildet hat«.[83] Der Kolonisierte – mit Fanons Worten »das kolonisierte Ding« – kann sich aus der Gewalt nur »in der Gewalt und durch sie« befreien.[84] Die Gewalt hat kathartische Wirkung, jedenfalls in einer Situation, in der die Gewalt »überall in der Luft liegt ... In dieser Situation geht der Schuß von alleine los, denn die Nerven sind überreizt.«[85] In diesem Kampf, der eher eine Gewaltorgie ist, »verschwindet nicht nur der

Kolonialismus, sondern auch der Kolonisierte«.⁸⁶ Er nimmt sein Schicksal in die Hand, wird dadurch Mensch und begründet in der Extremsituation eine neue, authentische intersubjektive Gemeinschaft, die von Solidarität zusammengehalten wird – vorzugsweise in einem ländlichen Utopia: »Eine ständige Herzlichkeit herrscht in den Dörfern, eine auffällige Großmut, eine entwaffnende Güte, ein niemals lügengestrafter Wille, für die ›Sache‹ zu sterben.«⁸⁷

Solche Töne würde heute kaum jemand mehr anschlagen. Eine Linke, die dem Kult der Gewalt anhing, hat sich zu oft die Finger verbrannt. Daß die Kolonisierten durch eine gewalttätige Revolution nicht automatisch bessere Menschen werden, das haben nicht nur Fanons algerische Mitstreiter leidvoll vor Augen geführt, sondern auch Guevaras Companero Fidel Castro und sein Waffengefährte aus dem kongolesischen Busch, der Menschenschinder Laurent Kabila – um nur drei zu nennen. Loblieder auf die Gewalt werden heute nicht mehr gesungen – zumindest nicht derart unreflektiert. Denn zu offensichtlich ist, daß die Linke oft mit ihren Praktiken der Befreiung nur die Praktiken der Macht reproduzierte, gegen die sie zuerst angetreten war. Doch anstelle des schwülen Gewaltpathos ist ein beredtes Schweigen getreten. Der Kult der Gewalt wurde durch einen um so bewußtloseren Mythos ersetzt, der von seinen Wurzeln meist nichts mehr weiß. Reiner Kitsch um den Che, den Fidel Castro bereits unmittelbar nach seinem Tod zum »Mensch ohne Makel« erklärte. Allenfalls wurde das Spiel mit der Faszination der Gewalt auf das Feld der Kunst verbannt, dessen Doppelcharakter darin besteht, einerseits ein Raum der Verständigung der Gesellschaft über sich selbst zu sein, andererseits aber auch der Ort der zugelassenen Übertretung, der erlaubten Provokation, auf dem das Schockierende immer schon auch Unterhaltung ist: Man blickt in die Abgründe, ist aber auf der sicheren Seite – im Zuschauerraum, vorzugsweise im Plüschsessel.

Seine letzte, kuriose Wendung findet diese Verehrung des exemplarischen Kämpfers übrigens in der globalen Popularität des Subcomandante Marcos. Der Führer der mexikanischen Zapatisten bekundet nicht nur offen: »Wir haben uns nicht mit Waffen erhoben, weil es uns Spaß machte zu töten und zu sterben« und fügt hinzu: »Wir sind Soldaten geworden, damit eines Tages keine Soldaten mehr nötig sind«, sondern spricht für eine Guerilla, die *schon nicht mehr* kämpft. Denn, erinnern wir uns: Seit den nur wenige Tage dauernden Gefechten des Jahres 1994 befanden sich der mexikanische Staat und die zapatistische Guerilla im Waffenstillstand. Es herrschte Krieg, aber einer ohne Schlacht. Die Guerilla schoß nicht mehr mit scharfer Munition, sondern sie bombardierte ihre Gegner mit teils poetischen, teils bedächtigen, teils absurden Erklärungen aus dem lakadonischen Busch. Nicht mehr um Machtergreifung war es ihr zu tun, sondern um Wortergreifung.[88] Der Guerillero war so gesehen buchstäblich – und in des Wortes doppelter Bedeutung – reiner Mythos geworden: Er mußte sich die Hände nicht mehr schmutzig machen.

Er ist auf den Kern des Partisanentums reduziert, der nicht unterschätzt werden sollte, will man begreifen, welche Faszination von dieser Figur ausgeht. Der Partisan ist ein Irregulärer. Er kämpft gegen die herrschende Ordnung und schert sich nicht um die Regularität »geordneter« Kriegsführung. Diese Irregularität ist nicht nur aus militärisch-technischen Gesichtspunkten eine Notwendigkeit, sondern hat auch einen ideologischen Mehrwert – sie ist als solche schon die Negation der kapitalistischen Regularität.[89] Der Partisan nimmt die Position totaler Feindschaft zur herrschenden Ordnung ein, die keine Kompromisse mehr kennt. In dieser Irregularität läßt sich die Antizipation kommender, totaler Freiheit schon erahnen. Von hier aus läßt sich Freiheit gewissermaßen denken – praktisch sah die Sache, wie alle Welt weiß, meist etwas anders aus.

STRAHLENDER HELD CHE – *Illumination auf dem Gebäude der Pariser Nationalbibliothek, 2002*

Um nicht mißverstanden zu werden: die Absicht der angestellten Überlegungen ist keine denunziatorische. Der Subcomandante und seine Mitstreiter sind bewundernswerte Menschen, Che Guevara war eine herausragende Persönlichkeit, Frantz Fanon ist ein grandioser Intellektueller gewesen, dessen zu Unrecht lange vergessene Schriften jedem wärmstens zur Lektüre empfohlen werden sollen. Wahrlich, jenen, die in Diktaturen oder autoritären Regimes unterdrückt oder von Oligarchien der Privilegierten kleingehalten werden, braucht keiner Gewaltlosigkeit zu predigen. Und auch die Verklärung und Vermarktung des Che als Posterboy der Revolution ist nicht nur Ausdruck leeren Romantizismus pubertierender Teenager, die in jeder Generation das volle Programm durchzumachen haben – Hendrix, Hesse, Guevara. Noch die leerste Geste dieser Art ist zumindest der Versuch, sich in eine Tradition zu stellen, sich eine Biographie zu geben, und ist eine Versicherung dafür, daß Sehnsüchte, für die solches nur eine Chiffre ist, nicht totzukriegen sind. Aber man sollte, dies vorausgesetzt, schon auch genauer hinsehen und im eigenen Interesse den Sinn schärfen für Mythen und deren Herkommen, dafür, daß da etwas in uns denkt. Wer vor Aporien, Ambivalenzen und den Schattenseiten der linken (Theorie-)Geschichte die Augen verschließen will, dem sei das zornige Marx-Wort in Erinnerung gerufen, der seinen Mitstreitern in einem ähnlichen Fall einmal wütend an den Kopf warf: »Unwissenheit hat noch niemandem genützt.«[90]

10. Wie war Andreas?

Mythos RAF oder: Warum ein viriler Outlaw eine Generation faszinierte und warum die Faszination nicht vergehen will.

Die Prämisse, daß die RAF ein Mythos umwehe, bescherte im Sommer 2003 Deutschland eine hitzige Debatte, die auch mit Anbruch des Herbstes nicht abkühlte. Ein dürres Konzeptpapier der Kunst-Werke, einem avancierten Ausstellungshaus in Berlin-Mitte, das eine Schau über Umfeld und Wirkung der terroristischen Roten Armee Fraktion vorbereitete, trat einen Schwall der Entrüstung los. Da halfen alle klugen Einwände nicht, etwa von Jens Jessen in der »Zeit«, der zu bedenken gab, daß die RAF-Leute doch »in der Welt der Popkultur längst zu glitzernden Ikonen der Gewalt geworden« seien – ziemlich unabhängig von persönlichen Marotten irgendwelcher Ausstellungsmacher. Da war er wieder: der Krieg der Kulturen, die übernervöse Suche nach dem richtigen Ton, kommt die Rede auf die RAF. »Die Ambivalenz, in der RAF etwas anderes zu sehen als eine gewöhnliche Mörderbande, begleitet die Bundesrepublik bis auf den heutigen Tag«, hieß es in einem Kommentar der »Neuen Zürcher Zeitung«.

Dabei hatte sich der Umgang mit der RAF in den vergangenen Jahren und Jahrzehnten auch auf Seiten professioneller Deuter und Räsonierer – einmal völlig abgesehen von linken Subkulturen wie der ehemals notorischen »Unterstützer- und Sympathisantenszene« – deutlich gewandelt. War bisher versucht worden, den Weg in den Untergrund mehrerer Handvoll erstaunlicher junger Leute ihrer Generation zu verstehen, dann waren eher Figuren wie Ulrike Meinhof oder Gudrun Ensslin in den Blick geraten.

War von den beiden die Rede, kam so etwas wie kopfschüttelndes Verständnis auf, und wenn schon keine Sympathie, so doch immerhin klammheimliche Bewunderung für die Entschlossenheit, mit der die Frauen bis zum Äußersten gingen – das kann lauwarme Linksliberale schon beeindrucken, die doch in ihrem Leben so viele Halbheiten machen, so viele Kompromisse eingehen müssen. So ist Ulrike Meinhof, die brillante Journalistin, die in überzogener Konsequenz den Schritt in den Untergrund machte, längst heimgeholt in den Pantheon deutschen Moralismus, ebenso die Pastorentochter Gudrun Ensslin, der man zubilligt, sie habe die universalen Befreiungsbotschaften, die sie in ihrem Elternhaus aufgesogen hatte, nur ein wenig zu radikal gewendet, mit schwäbischer Dickköpfigkeit gewissermaßen – böse Fee und gefallener Engel zugleich. Als gespaltene Subjektivitäten, die auf dem Weg in den bewaffneten Kampf eine andere Seite in sich immer niederkämpfen mußten, sind diese beiden Zentralfiguren der RAF seit langem Objekt eines sanft-verständigen Blicks aus dem liberalen Mainstream: zwei gut geratene, vielleicht zu gut geratene und möglicherweise gerade deshalb aus der Bahn geworfene junge Frauen, eigentlich selbst Opfer einer fatalen Mischung aus Moral, Strenge und Weltabgewandtheit. Nicht selten wurde Ulrike Meinhof schon mit Rosa Luxemburg verglichen.

Dies war der Modus, mit dem die Ära der RAF in den späten siebziger und in den achtziger Jahren vorsichtig abgearbeitet, um nicht zu sagen, bewältigt wurde: Man einigte sich darauf, daß die RAF Produkt einer ganz tief versunkenen Vergangenheit ist, in der »an sich« anständige junge Leute von repressiven Verhältnissen erst in eine wahnhafte Radikalität getrieben wurden, dann von dieser Radikalität in den Untergrund und auf dem Weg dorthin von einer Gesellschaft, die unfähig war, mit ihnen in einen Dialog zu treten, auch noch immer weiter gestoßen worden waren. Die Bilanz: gute Absicht, böse Folgen. Der Subtext dieses Narrativs: Schön, daß diese Zeit vorbei ist. Und: Das kann uns natürlich nicht mehr passieren. Nur ab und zu wurde die Idylle von einer Bombe oder einem Schuß aus einem Präzisionsgewehr durch die sogenannte dritte RAF-Generation gestört, eine Störung, die aber kaum wahrgenommen werden mußte, da man einerseits über diese Enkel von Meinhof, Ensslin und Andreas Baader sehr wenig wußte und diese andererseits mit der Urgeschichte des Terrorismus auch nichts zu tun hatten.

Irgendwann in dieser Zeit, als die RAF zu einer Episode aus der Geschichte der Bundesrepublik wurde und ihren Platz zwischen Adenauers Eisenbahnzug und Helmut Schmidts Schnupftabakdöschen zugewiesen erhielt, wurde die Kiste mit der Aufschrift »Baader-Meinhof« zum Fundus für die Zeichensprache des Pop. Hochglanzmagazine druckten plötzlich Fotostrecken mit RAF-Mode, provozierend angepriesen mit dem Titel: »Prada Meinhof«. Militärjacken, Samthosen, bunte Acrylhemden, der verwegene Blick hinter Sonnenbrillen versteckt, lehnten die Models an schnellen Schlitten. Eine besonders schrille Szene in dem Stück, das da gegeben wurde mit dem Titel: siebziger Jahre Revival. Glamour und Radikalität, Stil und Outlaw-Image wurden verrührt zu einem Stoff, aus dem Heldenmythen sind. Etwa zur selben Zeit kam der Film »Baader« in die Kinos, ein viel beachtetes und völlig mißratenes Rührstück über Revolte, radikale Wort- und Sinnfetzen und einen pummeligen Samthosenträger, der sich aufführt wie ein Belmondo der Stadtguerilla. Gewiß nur mehr Zufall war es, daß ziemlich zeitgleich die ehemalige RAF-Frau Astrid Proll ihren Bildband »Hans und Grete« auf den Markt brachte, mit privaten Fotos aus den frühen RAF-Tagen, aufgenommen in Pariser Cafés und klandestinen Wohnungen. Auf diesen Fotos sieht Baader aus wie ein Filmstar. Nur folgerichtig, daß Baader dann auch zur Hauptfigur

HALB PISTOLERO, HALB BRANDO – *Andreas Baader mit Gudrun Ensslin in Paris, November 1969*

eines Doku-Fiction-Streifens wurde. Inmitten all der Bilderflut konnte man der Verwandlung von RAF-Geschichte in Stil beiwohnen. Die RAF wurde zu einem Logo, einem vagen Chiffre »für heroische Gesten, Tod und Bedeutung«, wie Stefan Reinecke in der »taz« klug feststellte. »Ein Gegenbild zur geregelten Langeweile unseres bundesdeutschen Alltags.« Reinecke: »Ein Kitschmärchen.«

Was zunächst gar nicht weiter auffiel: Das Interesse hatte sich unmerklich von den moralisierenden Frauen auf das radikale Alphatier der RAF verschoben, so daß es heute ungenau wäre, von einem Mythos RAF zu sprechen. Korrekter wäre: Mythos Baader. Es ist der Typ Baader, der, als Outlaw-Ikone des völlig Entgrenzten, Anarchischen, seine Wiederauferstehung als Popfigur erlebt. Jener Baader, der in den fünfundzwanzig Jahren davor eher verschwunden war hinter Meinhof oder Ensslin, die anschlußfähiger waren an ein Milieu, dem es um »Inhalte« oder »Theorien« ging. Baader war darum unberührt geblieben von den posthumen Eingemeindungsversuchen in die Grenzen gewissensgeleiteten Aufbegehrens. Er blieb Folie vitalistischer Militanzfantasien, Chiffre nackter Gewalttätigkeit – und damit Faszinosum: Monster und Marlon Brando in einem.

Was aber, wenn das der »Wahrheit« um die RAF näherkommt als die pausbäckig-liberale Verständnishuddelei? Irgend etwas gab es in der Frühphase der RAF, dessen Glanz nicht verglühen will, während die Kommandoerklärungen und »Info«-Kassiber der siebziger längst toter Textschrott sind; etwas, was mit dem Typus Baader zu tun hat. Oder anders gesagt: Baader ist die Wahrheit radikaler Militanz, nicht Meinhof. Kein Buch, kein Artikel, kein Interview und keine Gedenkveranstaltung zur RAF, die heute nicht irgendwann in der Frage münden würden: »Wie war Andreas?«

»Andreas war ein hübscher Typ, er hatte einen gewissen Charme, ein etwas verschlafenes, witziges Gesicht. Er war sehr ironisch und hatte einen bösartigen Humor«, heißt es in Thorwald Prolls Erinnerungsband »Wir kamen vom anderen Stern«.[91] Proll hatte die ersten Schritte in den Untergrund mitgetan, war aber, anders als seine Schwester Astrid, rechtzeitig wieder ausgestiegen. War die RAF ein Zerfallsprodukt der radikalen Studentenbewegung der sechziger Jahre, ein Produkt von '68, so war Baader doch gerade der Anti-Typus des »Achtundsechziger«. Er brach aus der (klein-)bürgerlichen Enge der Wiederaufbau-Republik nicht aus, er hat sie nie von innen gesehen. Aufgewachsen unter Kriegerwitwen, vergöttert von Mutter, Großmutter, Tante, früh überzeugt von seiner Singularität, viril, mit Star-Allüren schon als Outlaw und Kleinkrimineller, der sich in München mit der Polizei balgte und schnelle Schlitten klaute. Randfigur der Schwabinger Künstlerschar, beherrschte Baader doch keine besondere Kunst außer jener grandiosen der Ich-Darstellung. Bei seinem späteren Entree in Berlin wird er sich manchmal als Kunststudent ausgeben. Ein brillanter Blender, aber auch ein Marketinggenie *avant la lettre* – insofern ist der Umstand, daß die RAF eine Wiedergeburt als Popphänomen erlebt, nur halb erstaunlich, denn sie war in gewissen Sinne immer schon Pop. Von Stilwillen war der Auftritt der Gang bereits beim Frankfurter Prozeß geprägt, in jenem Verfahren, in dem Baader, Ensslin, Proll und ein Münchner Theatermacher vor Gericht standen, weil sie in einem Kaufhaus einen Brand gelegt hatten. »Thorwald Proll trat als Verschnitt aus Fritz Teufel und Bertolt Brecht auf«, beschreibt Gerd Koenen, der die Urszenen des deutschen Terrorismus nachrecherchiert hat.[92] »Baader gab mit bewährter Attitüde den Belmondo oder Brando, nach einem Text von Genet oder Bukowski. Und Gudrun war die Muse ... irgendwo zwischen Lasker-Schüler, Luxemburg und auch der Sagan.« Die rote Lacklederjacke, die sie berühmt machte, hatte sie sich extra für diesen Auftritt bei ihrem Ex-Verlobten Vesper bestellt. (»Selbach, C & A?«, heißt es in dem Brief aus dem Gefängnis). Wie weit dieser Stilwille ging, wurde erst kürzlich bekannt, als Holm von Czettritz, ein alter Freund Baaders aus Schwabinger Tagen und prominenter Grafiker, berichtete, daß ihn sein Kumpel, nachdem er schon längst in den Untergrund abgetaucht war, einmal überraschend besucht hatte. Er habe sich in den Fauteuil gelümmelt, die Knarre auf den Tisch gelegt und ihn gebeten, das provisorische RAF-Logo, den fünfzackigen Stern mit der Maschinenpistole, gewissermaßen auf die Höhe des zeitgenössischen Design zu bringen. Von Czettritz hat das mit dem Hinweis abgelehnt, das Kartoffelschnittartige des »provisorischen« Logos entspreche der »Corporate Identity« der RAF besser, als das jedes Design vermocht hätte. »Das sag ich dir als Markenartikler« – mit diesen Worten von Czettritz' war die »Relaunch«-Idee vom Tisch.[93]

Baader, der Exzentriker. Baader, der Abenteurer, ein Heros der Gewalt, lebenshungrig und schon voller Todessehnsucht, bevor er noch zum politischen Desperado wurde. Gefühlskalt, anmaßend, irgendwie aufdringlich, Prediger der »Härte«. So wird er ein ums andere Mal beschrieben: »Der schiere Anarch, der Prototypus eines rebel without a cause, der zu jeder Zeit Action um sich brauchte und von dem selbst im Zustand schläfriger Inaktivität eine elektrische Unruhe ausging.«[94] Ein Menschenfischer, aber auch ein großer Arsch. Der große Manipulator, der mit seiner Religion der Tat die hochmoralischen politischen Radikalen in seinen Bann schlug, die endlich »etwas tun« wollten, aber an ihrem Mangel an krimineller Energie oder auch zu wenig Wagemut scheiterten. »Wir haben gelernt, daß Reden ohne Handeln Unrecht ist«, formulierte Gudrun Ensslin in ihrem ersten Prozeßplädoyer.

Als »deutschen Dandy« hat Karin Wieland Andreas Baader seinerzeit im »Kursbuch« beschrieben, als »Dandy des Bösen«. Auf der Flucht, in Rom, hat er sich beim Komponisten Hans Werner Henze ein paar Seidenhemden »geliehen«, mit denen er später in Berlin renommierte. Seine »Kraft und Vitalität« habe sie an Baader von Beginn an fasziniert, und vor allem seine »schlechten Manieren«, sagt Astrid Proll, die als junge Frau, als halbes Mädchen fast noch, zur ersten Generation der RAF gestoßen war. Nicht sehr viel anders klingt das bei Daniel Cohn-Bendit, damals schon eine Szenegröße: »Der Typ war faszinierend, weil er ein Drop-out war ... Mit seiner Männlichkeit hat er autoritär fasziniert.« Schwer war es, mit den Worten von Baaders einstigen Schützling Peter Jürgen Boock, »sich ihm zu entziehen. Was er sagte, wie er es sagte, hatte etwas Hypnotisches.«

Gewiß ist bei solchen Passagen immer fraglich, wieviel davon nachträgliche Deutung ist, wieviel Erinnerung vom Mythos bereits gefärbt ist. Je mehr Baader »seinen Aufstieg zu einer deutschen Ikone« (»taz«) macht, um so unklarer werden die Umrisse dieser verstörenden Figur. »Wollte er ein Held sein? Ja, in vielerlei Gestalt halte ich das für möglich«, so Thorwald Proll, der sich die bohrende Frage stellt, die für ihn folgendermaßen lautet: »War die RAF das Spiegelbild eines narzißtisch-heroischen Einzelnen?«

Baader taugt als Projektionsfläche, auch, weil von ihm wenig mehr geblieben ist als die Bilder von einer Filmfigur, die ein bißchen von »Befreiung erzählen und wie Werbung aussehen« (Stefan Reinecke). Anders als Ensslin hat er keine zärtlich-sanften Briefe an Ex und Verwandte hinterlassen, anders als bei der Meinhof sind von ihm keine Texte bekannt, in denen er sich quält, mit sich ringt. Vielleicht hat er solche Texte nie geschrieben, oder sie hatten sich in dem Briefwechsel Baader-Ensslin gefunden, der auf der Fahrt nach Sizilien ausgerechnet von italienischen Autoknackern geklaut wurde. Von Baader ist gewissermaßen nur der Poster-Boy geblieben, der Fahndungs-Poster-Boy, die reine Kultfigur, zu der er sich schon zeitlebens stilisierte und von seinen Adorantinnen stilisieren ließ, die »Anarchie in Person«[95] (Ensslin): »so ist andreas der guerilla, von dem che sagt, daß er die gruppe ist«[96], schrieb die Meinhof in Stammheim. Ahab haben seine RAF-Getreuen Baader genannt, in Anspielung auf den Kapitän mit dem wahnhaften Willen aus Melvilles Roman »Moby Dick«, der auch um den Preis des eigenen Untergangs nicht abläßt von seinem Ziel, den weißen Wal zu erlegen. »Alle tragische Größe beruht auf einem Bruch in der gesunden Natur, des kannst du gewiß sein«, heißt es in Melvilles Charakterisierung seiner Hauptfigur[97].

Der »Wahnsinn«, den Baader personifizierte, war es, der von Beginn an den »Mythos RAF« schuf, nicht die »Restvernunft«, die in den rabiaten Humanistinnen wie Ensslin und Meinhof hockte. Gudrun Ensslin traf den Punkt, als sie formulierte: »was dem europ. Kampf um den Sozialismus seit 100 J. fehlt, ist doch das ›wahnsinnige‹ Element.« Der Topos der Selbstbefreiung durch Gewalt, in der Gewalt, reiner Gewalt fand im Signifikanten Baader seine von nahezu allen anderen Eigenschaften freie Repräsentanz. Die Faszination, die von Baaders Unbedingtheit ausgeht, die ihn zur Popfigur eignet, ist der des Che nicht unähnlich. Und doch ist er auch der Anti-Che schlechthin. Denn der Mythos Che lebt noch von der Ambivalenz: die Moral in Waffen, Jesus Christus mit der Knarre. Baader war, sozusagen, eindimensionaler: nur Pistolero, nur Prophet eines Armageddon totaler Befreiung, voluntaristischer Tat-Mensch, ohne Brimborium von der »Zärtlichkeit der Völker«.

Was sie dennoch vereint: Beide repräsentieren eine Unbedingtheit, die herausragt aus der Langeweile des Alltags, einen Heroismus, der bis in den Tod führt; für beide, Che und Baader, ist die revolutionäre Gewalt der Schlüssel zur Eigentlichkeit, zum wilden, »ganzen Leben«, gelebt für einen historischen Augenblick, an dessen Ende nicht die Alternative Sieg oder Tod steht, sondern auf seltsame Weise beides. Denn da war auch eine gewisse Art von Sieg, über Konventionen, alle Gepflogenheiten, aber auch über alles Erwartbare, über alle Wahrscheinlichkeiten, auch der Revolutionsgeschichte, über jeden vernünftigen Begriff von Rationalität, schließlich über die Welt, die sich solchen verrückten Heldentums nicht würdig erwies.

Die Beständigkeit des Mythos RAF lehrt uns, welche Faszination von einer solchen Unbedingtheit ausgeht.

Wolfgang Pohrt formulierte vor vielen Jahren, »der öffentlichen Ächtung von Gewalt korrespondiert eine geheime Begeisterung für sie«. Es gibt eine begriffslose Gewaltfixierung, »die teils gleichzeitig, teils zeitlich versetzt und in wechselnder Folge grenzenlose Begeisterung für Gewalttätigkeit (›Sieg im Volkskrieg‹) oder für Gewaltlosigkeit (›Frieden schaffen ohne Waffen‹) hervorbringt«[98]. Heute begibt sich kaum jemand mehr auf den großen Todestrip, die heroische Selbstopferung einer revolutionären Avantgarde ist jedenfalls im Westen weitgehend aus der Mode gekommen (erstaunlich freilich, dies nur nebenbei, von welch frappanter Ähnlichkeit der Todeskult der al-Qaida-Leute ist). Aber wie schmal der Grat ist, der die Sehnsucht nach dem »Echten«, nach wahren Empfindungen, die Lebensgier von dem Gewaltkult und der schließlichen Bereitschaft, sein Leben aufs Spiel zu setzen und andere mitzunehmen, trennt, haben wir in den vorangegangenen Abschnitten gesehen. Leicht schlägt das Grandiose in Wahnsinn um, wie auch anders gilt: ohne hybride Willensakte wäre das Grandiose selten. Baaders exzentrische Konsequenz ist auch in der linken Geschichte ziemlich einzigartig. Aber wieviel unterscheidet ihn tatsächlich vom Che? Und welche Bedeutung kommt in der Historie des Emanzipatorischen solchem Irrsinn zu: das Leiden zu vergöttern, die harte Hand anzubeten, den Tod willkommen zu heißen? Heute fühlen wir uns erhaben über solch grandioses Irrlichtern. Zu erhaben, zu sicher. Um dieses Thema noch einmal – aber aus ganz anderer Richtung – aufzurollen, ist eine kleine Abschweifung nötig – und ein Blick neunzig Jahre zurück.

Wie westliche Intellektuelle lernten, den Terror zu lieben

Eine Abschweifung

11. Versuchsweise Extrem

Brecht, Benjamin, Bronnen, Becher oder: Umarme den Schlächter! Eine historisch-aktuelle Physiognomie in siebzehn Bildern.

I. Vatermord

Ein Flächenbrand durchrast den Kontinent. Und in den Heranwachsenden brennt das Feuer der Jugend, züngeln die Flammen der Dichtkunst. Die Ordnung ist aufgebraucht. Es beginnt die beste Zeit. Wir schreiben das Jahr 1916. Bertolt Brecht, der achtzehnjährige Augsburger, wirbt mit viel Charme um die Mädchen seines Jahrganges, schreibt Gedichte, Dramen und greift sich die Klampfe. Er schreibe, so heißt es in einem Brief vom Februar 1918 an seinen Freund Caspar Neher, »Lieder für die Gitarre von ungemeiner Gemütstiefe und ungesunder Roheit«[99], und er durchlebt eine kurze Phase des Nihilismus.

> Wenn die Irrtümer verbraucht sind
> Sitzt als letzter Gesellschafter
> Uns das Nichts gegenüber

hatte er in einem seiner frühen Gedichte formuliert. Wir stecken mitten im Weltkrieg. »Jetzt war es aus, der Aufstand begann«, schrieb Gottfried Benn Jahrzehnte später. »Ein Aufstand mit Eruptionen, Ekstasen, Haß, neuer Menschheitssehnsucht, mit Zerschleuderung der Sprache zur Zerschleuderung der Welt.«[100]

Noch vor Beginn des Krieges hatte Johannes R. Becher, sieben Jahre älter als Brecht, gedichtet:

> Die Welt wird zu enge. Die Städte langweilig.
> So schmal alle Länder. Die Meere zu klein
> …

In Cafés und Cinémas Spießbürger hocken.
Und Goethe glänzt, aufrecht und widerlich.
...
Wir horchen auf wilder Trompetendonner Stöße
und wünschen herbei einen großen Weltkrieg.[101]

»... so erhoffe ich«, schrieb Becher im Januar 1915 an Bachmair, »doch Gutes vom Krieg. Vielleicht läßt sich in einer folgenden Resignation viel erarbeiten, daß Berge, Kaukasusse Schutt wegzuräumen sind, unübersehbare – ist ohne weiteres klar.«[102] Schon in die unmittelbare Nachkriegszeit fallen die ersten Kontakte zwischen Becher und dem jungen Brecht. »Ich gehe um ½ 8 in den Kunstsaal Steinicke, wo R. J. Becher Gedichte liest, die interrrresssant sind, mein lieber Schwan«, schreibt Brecht im Juni 1920 an Neher.[103]

Zerstören. Beginnen. Neu anfangen. Das sind die Prinzipien der Zeit. In jenen Jahren war Arnolt Bronnen Brechts engster Gefährte. Bronnen, der Dichter des »Vatermords«, heute fast vergessen, war damals in gewisser Weise schon etabliert. Gemeinsam zogen sie durch die großen Städte, die Krägen hochgeschlagen, erst durch München, dann durch Berlin. Zwei junge Burschen, so Bronnen in seinen späteren Erinnerungen, die »unter ihren Jahren unreif waren«, voller »Lebensgier« und »Menschenappetit«[104], »zwei zornige junge Männer« freilich, »welchen ihre Zeit, um sie zu besänftigen, Erfolg gegönnt hatte« – wie Bronnen elegant formulieren sollte. Jene Zeit des heroischen Zerfalls der städtischen Ordnung, als die Inflation aller wirtschaftlicher Erfahrung Hohn spottete, das depravierte Heer der Kriegsheimkehrer in die Straßen gespült worden war, als das Unterste nach oben gekehrt und die urbane Welt der Bourgeoisie hoffnungslos von gestern war.
Die Bürgersöhne pflegten nicht nur zum Ancien régime,

sondern auch zu ihren Vätern ein Verhältnis haßerfüllter Distanz. Arnolt Bronnen hatte sein Stück »Vatermord« geschrieben. Johannes R. Becher sollte in seinem Jahre später erscheinenden, nahezu unverschlüsselten autobiographischen Erinnerungsroman »Abschied« einen seiner Protagonisten sagen lassen: »Wir müssen anders werden als unsere Väter waren.«[105] Und Walter Benjamin, der sich erst behutsam auf den Weg machte, der ihn später an die Seite Brechts bringen sollte, hatte eine mehr als distanzierte Haltung zur bürgerlichen Welt seiner Eltern – diese war, wie sein Freund Gershom Scholem berichtet, »von einer Bedenkenlosigkeit, die mich aufbrachte, und trug nihilistische Züge«[106]. Benjamin las damals – wie viele – das Buch »Geist der Utopie« seines Freundes Ernst Bloch. »Absicht«, ist der Prolog überschrieben und die ersten Sätze lauten: »Was nun? Es ist genug. Nun haben wir zu beginnen. In unsere Hände ist das Leben gegeben.«[107]

»Übrigens«, depeschiert Brecht 1919 an seine Gefährtin Paula Banholzer, »bin ich vollends ganz zum Bolschewisten geworden.«[108]

II. Der Typus

Brecht, Benjamin, Bronnen, Becher. Vier zufällige und doch nicht ganz zufällig ausgewählte Protagonisten. Die vier B's, deren Wege sich mehrfach kreuzen sollten, die zum Teil eng befreundet waren. Brecht, »der Spezialist des Von-vorn-Anfangens«, wie ihn Walter Benjamin einmal nannte.[109] Benjamin, der »seltsamste Marxist, ... den diese an Seltsamkeiten nicht arme Bewegung hervorgebracht hat«[110] – wie Hannah Arendt schrieb. Bronnen, der gefeierte Expressionist, der sich später den Nazis näherte, um noch später zum Kommunisten zu mutieren, so daß ihn die

»Frankfurter Rundschau« eines »der trübsten Rinnsale der Literatur« nennen sollte; und Becher, der Mädchenmörder, Morphinist, linientreue Parteikommunist, der Hymnen auf Stalin sang und als enttäuschter Kulturbürokrat im deutschen Halbstaat DDR enden sollte. Was mag die vier einen? Wie kann sich aus solch unterschiedlichen Charakteren die Physiognomie eines Typus beschreiben lassen? Was ist das für ein Typus? Und was mag an diesem Typus für uns heute noch interessant sein?

Es eint sie zuallererst, daß sie alle vier von unbestrittener Geistesgröße waren und doch uns heute teilweise ratlos zurücklassen – daß sie ihr Loblied auf die Gewalt und die Schlächter sangen oder sich zumindest nicht von ihnen lossagen wollten; daß sie sich dem Umsturz in die Arme warfen; und daß der erste Impuls, der sie zur Revolte trieb, der buchstäbliche Haß auf die Bourgeoisie war, diese nichts als »ökonomische Klasse«, daß ihr »Kommunismus« immer mit einem gewissen Fin-de-siècle-Vitalismus legiert blieb. Gewiß sind wir heute weit entfernt von den Umständen, die die vier prägten. Aber doch läßt sich an ihrem Exempel nacherzählen, wie westliche Intellektuelle lernten, den Terror zu lieben – und zwar kluge, brillante Männer, denen es auch nicht an Urteilskraft fehlte.

»Salonbolschewiken« hat man Leute dieses Schlages früher genannt. Ein Wort, bei Gott nicht als Ehrentitel gebräuchlich. Üblicherweise werden damit Intellektuelle – und unter ihnen meist Literaten – belegt. Einerseits führen die Revolutionäre, die Bolschewiken, die sich die wahren nennen, dieses Wort im Mund, womit sie die »Salonbolschewisten« allenfalls als unsichere Kantonisten, meist aber als Schwindler abtun, Kleinbürger, die sich die Maskerade des Revolutionärs angelegt haben. Andererseits ist es ein Schimpfwort im rhetorischen Arsenal der Reaktion, die damit eine bestimmte Art von Gegner bezeichnet – exaltierte, nicht eigentlich gefährliche, mit einem Wort: Gegner, die im Grunde keine sind; denen man aus demokratischer Gutmütigkeit sogar das Recht auf Meinungsäußerung belassen darf, da sie nur mit Worten operieren und zudem, im Notfall, käuflich sind. Kommt es zum Notfall, tritt ohnehin eine andere Art der Reaktion auf den Plan, eine weniger nachsichtige. Wie etwa die Nazis, denen der Salonbolschewismus zum »Kulturbolschewismus« geriet – wer mit diesem Attribut belegt wurde, der hatte nichts Gutes mehr zu erwarten.

Jedenfalls waren unsere vier Charaktere Kinder ihrer Zeit. Und sie waren heiß darauf, auszubrechen aus einer verwalteten, allzu geordneten Welt. Insofern sind sie, über ihre Zeit hinaus, aussagekräftige Figuren. Sie hatten gegenüber den Heutigen aber den zweifelhaften Vorteil, daß diese Welt sich selbst vor ihren Augen aufzulösen begann. Im Folgenden soll an ihrem Exempel, knapp, episodenhaft, mehr in Bildern als in Kapiteln, dargestellt werden, welche Motive und Gedankenreihen westliche Intellektuelle dazu brachten, eine Art »natürlichen Stalinismus« auszubilden: Tabula-rasa-Emphase, eine Künstler-Kritik am Kapitalismus als ästhetisches Ärgernis und als »große Unordnung« (Brecht), Aufbau- und Weltschöpfungs-Pathos. Was in den vorangegangenen Kapiteln beschrieben wurde, begegnet uns hier in verwandter Form wieder: Lebensgier, Zerstörungskult, das Vertrauen in die Rechtmäßigkeit und in den Nutzen von Gewalt.

III. Tabula rasa

»Das revolutionäre Chaos«, erklärt Leo Trotzki in seiner Autobiographie, »ist etwas ganz anderes als ein Erdbeben oder eine Überschwemmung. Inmitten der Unordnung der Revolution beginnt sofort eine neue Ordnung zu entstehen, Menschen und Gedanken ordnen sich um neue Achsen.«[111] Nicht die Zerstörung ist der Sinn der Zerstörung, sondern der Neubeginn. Das gilt für die Literatur wie für die Politik. »Tabula rasa!«, feiert Bertold Viertel, Freund Brechts wie Bronnens: »Die Vaterwelt ... hat abzudanken, zu verschwinden, damit, von der brutalsten Biologie her, ein neuer Aufbau geschehe. Symbol dieses Vorganges ist der ›Vatermord‹ ...«[112]

Brecht notierte noch 1948 in Hinblick auf seine frühen Stücke wie »Baal«, »Trommeln in der Nacht« und »Im Dickicht der Städte«, ihr Thema seien »die dunklen Vorräte an Vitalität ..., die im Asozialen liegen«[113]. Das Gute folgt nicht aus dem Guten, sondern aus dem Schlechten – das ist, ziemlich plump gesagt, der Kern der negativen Dialektik, deren Meister Karl Marx war: »Wenn Marx sich sozusagen das Problem gestellt hat, die Revolution aus ihrem schlechtweg anderen, dem Kapitalismus, hervorgehen zu lassen«, so will Brecht »den Revolutionär aus dem schlechten, selbstischen Typus ganz ohne Ethos von selber hervorgehen lassen«[114], formulierte Walter Benjamin.

In sein Arbeitsjournal notiert Brecht: »Aber man braucht die große Tabula rasa, auf der man spielt, das Beginnergefühl ...«[115]

IV. Asphaltstädte

Der literarische Ort »Stadt« ist eng mit dieser Emphase verbunden. Brecht prägt das Wort von den »Asphaltstädten« und dreht es ins Positive. Man solle das Nazi-Verdikt »›Asphaltliteratur‹ ruhig akzeptieren«, meint er in einem Brief an Lion Feuchtwanger[116]. Für Benjamin ist Brecht »der erste bedeutende Lyriker, der vom städtischen Menschen etwas zu sagen hat«[117].

Aus den Städten ist die Langeweile, die tödliche, verbannt. »Betrieb muß sein«, hatte schon Johannes R. Becher geschrieben, »damit man nicht in Langeweile erstickt. Und so wird Betrieb gemacht: Krieg geführt, Frieden geschlossen, gebaut, zerstört ... O menschlicher Betätigungsdrang.«[118]

Brechts Mahagonny-Song greift dieses Motiv auf, denn – so Hannah Arendt – »wenn alles so weitergeht, wird man an Langeweile zugrunde gehen ...; wo ›nichts los ist‹, kann man nicht leben«[119]:

> Auch, mit eurem ganzen Mahagonny
> Wird nie ein Mensch glücklich werden
> Weil zu viel Ruhe herrscht.

Aus der Langeweile zu erlösen ist der Zerstörung aufgegeben:

> Wozu Türme bauen wie der Himalaja
> Wenn man sie nicht umwerfen kann ...
> Wir brauchen keinen Hurrikan
> Wir brauchen keinen Taifun
> Denn was er an Schrecken tun kann
> Das können wir selber
> Das können wir selber
> Das können wir selber tun.

Es ließe sich wohl leicht eine Geschichte politischen Radikalismus schreiben als der infinite Versuch, der Langeweile zu entfliehen. Aus dem Chaos der Nachkriegsjahre schält sich schnell die Idee einer neuen Ordnung. Als Brecht von seinem Freund Arnolt Bronnen gefragt wurde, was er mit »Trommeln in der Nacht« eigentlich hatte sagen wollen, antwortet er lapidar: »Den letzten Satz.«[120] Der hieß: »Das Chaos war aufgebraucht. Es war die beste Zeit.«

V. Der Kapitalismus, ein ästhetisches Ärgernis

»Ich bin in New York«, schreibt Trotzki in seinen Lebenserinnerungen über seine Ankunft im amerikanischen Exil während des Ersten Weltkrieges, »in der märchenhaft prosaischen Stadt des kapitalistischen Automatismus, wo in den Straßen die ästhetische Theorie des Kubismus und in den Herzen die sittliche Philosophie des Dollars herrscht. New York imponiert mir, als der vollkommenste Ausdruck des Geistes der Gegenwartsepoche.«[121] New York gerät aus solcher Perspektive zur Chiffre einer eigentümlichen Ästhetik, die Höhepunkt der kapitalistischen Epoche ist, vielmehr aber bereits über diese hinausweist. New York, die planmäßig abgezirkelte Stadt, ist in gewissem Sinn das Andere des Kapitalismus, die institutionalisierte Unordnung der Wall Street ist der permanente Einspruch gegen das Prinzip New York. Dies ist auch ein ästhetisches Problem.

Denn der Kapitalismus organisiert nicht nur Ausbeutung und produziert Elend, er durchschreitet nicht nur Krisen, steht somit permanent auf des Messers Schneide – er ist auch häßlich. Das Wuchern und Wachsen, Schöpfen und Zerstören im Rahmen der kapitalistischen Struktur ist keineswegs in einem Sinn schön, in dem etwa ein nicht kultivierter Wald schön ist. Von Menschenhand produzierte Systeme sind nur dann schön, wenn sie einem großen Plan nachempfunden sind, etwa von jener Art, wie mittelalterliche Kathedralen erst im Kopf des Baumeisters entstanden und dann dementsprechend gebaut wurden. Gerade diese Fähigkeit konstituiert den Menschen zum Menschen, zeichnet doch, wie Marx schrieb, »den schlechtesten Baumeister vor der besten Biene« aus, »daß er die Zelle in seinem Kopf gebaut hat, bevor er sie in Wachs baut«[122]. Der Kapitalismus spricht einer solchen Ästhetik Hohn. Alles, was er an Ordnung zustande bringt, ist Ordentlichkeit von der Art, wie man einen Golfplatz verordentlicht. Der Kapitalismus ist, wenn schon, eine immer prekäre Ordnung, deren instabiles Gleichgewicht sich hinter dem Rücken der Akteure herstellt, ein unvernünftiges Produkt vieler Willen, nicht Produkt eines vernünftigen Willens, keine Wirtschafts-Ordnung im strengen Sinne, sondern ein Verhältnis ökonomischer Verhältnisse. Er ist der stetige Einspruch gegen die Prinzipien der Aufklärung, die ewige Kränkung des vernünftigen Subjektes, das sich der Möglichkeit enteignet sieht, eine vernünftige Welt zu schaffen – was doch allein dem menschlichen Geist gemäß erscheinen muß. Er ist, aller Siegeszüge des Rationalismus und der exakten Wissenschaften zum Trotz, das Gravitationszentrum des Irrationalen, er etabliert, wie Marx in den »Grundrissen« notiert, »die *Verrücktheit* ... als ein Moment der Ökonomie«, so daß diese für »das praktische Leben der Völker bestimmend« wird[123].

In Brechts Stück »Die heilige Johanna der Schlachthöfe« heißt es:

> Wehe! Ewig undurchsichtig
> Sind die ewigen Gesetze
> Der menschlichen Wirtschaft!
> Ohne Warnung
> Öffnet sich der Vulkan und verwüstet die Gegend![124]

In Brechts Notizen figuriert der Kapitalismus bald nur noch als die »*Große Unordnung*«[125], wohingegen er sich an die »Definition des Sozialismus als einer *Großen Ordnung*«[126] hält.

VI. Die große Ordnung

Der Aufbau der großen Ordnung ist ein gewaltiges Unternehmen, das größte vielleicht, das die Menschheit je in Angriff genommen hat – so jedenfalls sah es für Becher, für

Brecht, und bald auch für Benjamin in den zwanziger und dreißiger Jahren aus. Die Sowjetunion war das Laboratorium dieses historischen Experimentes. Als Brecht sich dem Studium der marxistischen Klassiker zuwandte, war aus der Ferne noch nicht so recht ersichtlich, daß diese Revolution vom Weg abkommen könnte. Stalin hatte zwar, soviel war offenkundig, Leo Trotzki, einst der unbestrittene zweite Mann hinter dem Revolutionsheroen W. I. Lenin, geschlagen – doch was besagte das schon? »Arbeit, Disziplin und Ordnung werden die Sozialistische Sowjet-Republik retten«, hatte der Gründer der Roten Armee verkündet – der planmäßige Aufbau der vernünftigen Ordnung sollte nach den Prinzipien des Kommandos über eine Massenarmee organisiert werden. Der neue Führer sah das ähnlich. Bloß zog nun, nachdem die Heißsporne der Weltrevolution geschlagen waren, eine neue Nüchternheit ein. Stalin schien, als Generalsekretär der Revolutionspartei, die Verkörperung der Vernunft in der Geschichte zu sein, deren notwendiger Ausdruck, nichts weiter. In jener frühen Zeit – Mitte der zwanziger Jahre – war Stalin vollauf damit beschäftigt, sich als Garant der Einheit der Leninschen Partei zu etablieren, als Beschützer des Leninismus. Trotzki konnte ihn ob seiner »schülerhaften Fehler« noch so verhöhnen, ihn als »hartnäckigen Empiriker«[127] verspotten, die Kanonisierung der Leninschen Gedanken betrieb er mit Eifer. So dozierte Stalin über die »Grundlagen des Leninismus«. Eine beachtenswerte Passage findet sich übrigens in diesem Text. Zwei Besonderheiten, so Stalin, charakterisierten etwa den Leninschen Arbeitsstil: »a) der russische revolutionäre Schwung und b) die amerikanische Sachlichkeit«.[128]

Amerikanische Sachlichkeit – das heißt Industrialisierung, Planung, Ingenieurwissenschaft, Taylorismus. Massen, Maschine, Elan, Mobilisierung gerieten zum Vokabular der Epoche.

VII. Die Extreme berühren sich

Während Brecht sich nach links bewegt, driftet sein Freund Arnolt Bronnen nach rechts. 1927 bezeichnet er sich in der »Frankfurter Zeitung« als Vertreter einer »Tendenz der rechten Hand« und in einem Interview als »nicht völkisch, aber Faschist«. Mit seinem Freikorpsroman »O. S.« annoncierte der einstmals auch vom liberalen Feuilleton gefeierte Dramatiker seine Wende. Schlank und drahtig, das Monokel ins Auge geklemmt, im gutsitzenden Zweireiher, ein »Offizier im Zivil«, zieht er seine Kreise durch Berlin, in der besten Gesellschaft, doch immer dem Prinzip treu: Epater le bourgeois. Der Rechtsdrift ist nur eine weitere Spielart. »Die revolutionäre Umgestaltung unseres Daseins nach Rechts, nach Nation, Kampf, Risiko, Ideenherrschaft und Reinheit« ist ihm Prinzip. Das Wort vom »Nationalbolschewismus« macht die Runde. Bronnen verkehrt im Kreise des Freikorpsführers Ernst von Salomon, der Gebrüder Jünger, Ernst Niekisch'. Goebbels feiert »O. S.«, es sei so, »als wäre das Buch von uns allen geschrieben«[129]. Bronnen freundet sich mit Goebbels an, wird zum »Enfant terrible des Nationalsozialismus«, wie er retrospektiv in seinen Lebenserinnerungen schreibt[130]. Doch noch in der Silvesternacht 1932 stoßen Bronnen und seine neuen Freunde bei Brecht auf einen unblutigen Rechtsputsch an. Bronnen liebt, apropos amerikanische Sachlichkeit, Motoren und Maschinen. Die einzige NS-Organisation, deren Mitgliedschaft er erwirbt, ist das »Nationalsozialistische Kraftfahrer-Korps« (NSKK).

VIII. Millionenmassenschritt

Die Maschine wird zur Chiffre des Zeitalters. In der Masse ist der Einzelne eine Schraube in einer gigantischen Apparatur. Johannes R. Becher zwingt sich, peitscht sich hinein in die Partei.

> WARUM SCHREIBE ICH »KOMMUNISTISCH«!?
> Was ist ein / »Kommunistisches« Gedicht !?
> Es ist das neue,
> Das namenlose Heldentum,
> Es ist die schöpferische Anonymität,
> Gleichzeitigkeit alles Geschehens,
> Es ist die Verkündigung
> Der Ankunft einer neuen Menschenrasse,
> Es ist Massenschritt,
> Millionenmassenschritt,
> Kampf und Gesang sind eins,
> Es ist die Sichtbarwerdung
> Einer neuen Menschenordnung
> ...[131]

Ende der zwanziger Jahre hat er seinen Rhythmus endlich auf den Gleichschritt eingestellt. Es war ihm nicht leicht gefallen. Er findet seine Bestimmung als Literatur-Funktionär, als Kommissar fürs gedichtete Wort. An der Spitze des »Bundes proletarisch-revolutionärer Schriftsteller« macht er jede Wendung der stalinisierten KPD mit.

IX. Versuchsweise, extrem

War Brecht »vollends ganz zum Bolschewiken« geworden, hatte Becher den Beitritt zur Kommunistischen Partei vollzogen, war Bronnen scharf nach rechts gedriftet, so tendierte Walter Benjamin ab 1924 zu einem Marxismus eigener Art. In einem Brief an seinen Jugendfreund Gershom Scholem berichtet er zurückhaltend von »Anzeichen einer Wende« in seinem Denken, von »kommunistischen Signalen«.

Für ihn die intellektuelle Unternehmung, politische Momente »zu entwickeln, und das, versuchsweise, extrem«[132]. Dem zuvorgegangen war die Begegnung mit einer schönen Frau. Im Mai 1924 lernt Benjamin auf Capri die bolschewistische Schauspielerin Asja Lacis kennen. »Benjamin, der depravierte Privatgelehrte«, berichtet Benjamin-Biograph Werner Fuld über diese romantische Begegnung, »trifft auf eine schöne Kommunistin, in die er sich verliebt, die aber ihn von der Idee des Kommunismus überzeugt«[133]. Asja Lacis war es auch, die Benjamin im Mai 1929 mit Bertolt Brecht bekannt macht. Die Bekanntschaft mit Brecht muß für Benjamin von jener Intensität gewesen sein, die er – in anderem Zusammenhang – einmal »profane Erleuchtung« genannt hat; eine Inspiration von der Art eines Blitzes. Schon bald nach den ersten, zaghaften Kontakten schrieb er, »daß das Einverständnis mit der Produktion von Brecht einen der wichtigsten und bewährtesten Punkte meiner gesamten Produktion darstellt«. Brecht umgibt sich mit Vorliebe mit merkwürdigen, dissidenten Marxisten. Von der Freundschaft mit Benjamin profitiert er ebenso wie von seinen marxistischen Lehrern Karl Korsch und Fritz Sternberg, zwei Kommunisten, die zeitlebens über Kreuz sind mit den Politbürokraten des offiziösen Marxismus.

Dieser Parteikommunismus sah den Lauf der Geschichte prinzipiell auf Seiten des Proletariats. Der technische Fortschritt und der Fortschritt der Wissenschaften, den die Bourgeoisie »zu einem kosmischen Gesetz des Fortschritts aufblähte« – so Karl Korsch[134] –, wurde von den Marxschen Epigonen für die Arbeiterbewegung gerettet, indem sie den festen, beinahe religiösen Glauben bekundeten, der Sieg des Proletariats sei eine historische Notwendigkeit, die sich aus dem »Gesetz des Fortschritts« zwangsläufig ergebe. Noch in Leo Trotzkis politischem Testament können wir lesen, er sterbe »im unerschütterlichen Glauben an die Zukunft des Kommunismus. Dieser Glaube an die Menschheit und ihre Zukunft gibt mir jetzt eine Widerstandskraft, die mir keine Religion geben könnte.«[135]

Solch pausbäckiger Fortschrittsglaube sollte in Benjamin auf Seiten der Linken seinen härtesten Kritiker finden. Auch der junge Brecht hatte bereits 1918 in einem Brief an Caspar Neher von dem »verfluchten Unsinn« gesprochen, »daß die Eisenbahn ein Fortschritt und das Klavier die Ursache von Beethovens Sonaten ist«[136]. Beinahe zwanzig Jahre später – 1937 – berichtet er Karl Korsch, welche Probleme es ihm bereite, die Differenz zwischen dem historischen Fortschritt, dem Fortschreiten von Staatsbildung und Technik und dem prekären »Fortschritt« in der Sphäre der Herrschaft darzustellen. »Die Schwierigkeit« bei der Arbeit an seinem Caesar-Roman sei, schrieb Brecht: »Caesar bedeutet immerhin einen Fortschritt und die Anführungszeichen zu Fortschritt sind riesig schwer zu dramatisieren.«[137]

Diese Ambivalenz des Fortschrittsbegriffes bringt Brecht in einem Gedicht voll beißendem Spott auf den Punkt:

700 Intellektuelle beten einen Öltank an

Ohne Einladung
Sind wir gekommen
Siebenhundert (und viele sind noch unterwegs)
Überall her,
Wo kein Wind mehr weht,
Von den Mühlen, die langsam mahlen, und
Von den Öfen, hinter denen es heißt,
Daß kein Hund mehr vorkommt.

Und haben Dich gesehen
Plötzlich über Nacht,
Öltank

Gestern warst Du noch nicht da,
Aber heute
Bist nur Du mehr.

Eilet herbei, alle,
Die ihr absägt den Ast, auf dem ihr sitzet
Werktätige!

Gott ist wiedergekommen
In Gestalt eines Öltanks,

Du Häßlicher
Du bist der Schönste!
...
Darum erhöre uns
Und erlöse uns von den Übeln des Geistes.
Im Namen der Elektrifizierung,
der Ratio und der Statistik.

Brecht ist mit solchen Versen vom doktrinären Parteikommunismus ebensoweit entfernt wie Benjamin mit seinen Thesen »Zum Begriff der Geschichte«.

X. Selbstverständlicher Stalinismus

Indes verwandelt sich der Stoff Revolution »in ein martialisches *Kampfdrama*«[138], die Lobpreisung der Maschine und des Maschinengewehrs fielen in eins. »Wir hängen fünfzig oder hundert Jahre hinter den fortschrittlichen Völkern der Erde zurück. Wir müssen das in zehn Jahren nachholen. Entweder tun wir das, oder man wird uns zerschmettern«, sagte Stalin. So wurde der planmäßige Aufbau zum Kampf an der Front im Weltbürgerkrieg. Und Johannes R. Becher wurde ihr Soldat.

In seinem Epos »Der Große Plan« heißt es:

> Und Lenin entwarf einen Plan,
> Und die Massen stimmten ihm zu:
>
> Es werde
> Elektritzität!
>
> DER GROSSE PLAN WIRD VOLLENDET
> IN VIER JAHREN WIRD ER VOLLENDET
> DER GROSSE PLAN
> DER AUF FÜNF JAHRE BERECHNET WAR[139]

Im Gesang auf den Fünfjahrplan taucht Stalin, der »Gott des Imperiums«, konsequenterweise »nicht einmal als Person auf«[140]. Er firmiert als »EIN NAME BISHER NICHT GENANNT«. Becher war, wie sein Biograph Jens-Fietje Dwars treffend resümiert, zu einer Art »selbstverständlichen Stalinismus« gelangt.

XI. Stalin

»Oft hat man sich gefragt«, schrieb der jüngst verstorbene griechisch-französische Theoretiker Cornelius Castoriadis, »wie Marxisten zu Stalinisten werden konnten. Aber wenn die Unternehmer fortschrittlich sind, wenn sie nur Fabriken bauen, warum sollten es dann nicht auch die Kommissare sein, wenn sie womöglich noch mehr bauen?«[141] Der sozialistische Aufbau war nicht einfach ein Aufbau, sondern eine Aufbauschlacht. In dieser Schlacht erwies sich das als »richtig«, was zum Sieg beitrug. Unversöhnlichkeit und Erbarmungslosigkeit wiesen erst den Heerführer als solchen aus. »Nicht umsonst«, schreibt Leo Trotzki, getragen von gänzlichem Einverständnis in seiner Autobiographie, »sind in Lenins Wortschatz die Worte so häufig: *unversöhnlich* und *erbarmungslos*. Nur die höhere revolutionäre Zielsetzung kann eine solche Erbarmungslosigkeit rechtfertigen.«[142] Zwar hatte Lenin in seinem Testament für die Ablösung Stalins plädiert, denn Stalin sei »zu grob«. Doch Stalin hatte das Testament erst unter Verschluß gehalten und dann, so Stalin-Biograph Dimitri Wolkogonow, »seine abstoßenden Charaktereigenschaften ... in vorbildliche Tugenden« umgemünzt. Grob sei er »gegenüber dem Feindlichen und Fremden, und das sei ein Ergebnis seines geradlinigen Charakters«, erklärte der Generalsekretär.[143] Und erwies nicht jeder Tote aufs neue, daß Stalin allein jene Konsequenz aufbrachte, die ein Heerführer in der historischen Schlacht benötigte? So wurde er am Ende verehrt, nicht obzwar, sondern weil er ein Massenmörder war.

XII. Die Schule der Seele

Und durfte Stalin sich nicht auf lange Vorstellungsreihen stützen, die sich tief in das historische Gedächtnis eingebrannt hatten? Hatte nicht auch der Mann Moses das jüdische Volk vierzig Jahre durch die Wüste geführt? War nicht auch er ein strenger Führer, der seinem Volk manche Entbehrung zumutete? Und murrte nicht die Gemeinde der Israeliten wider Mose und sehnte sich nach Ägypten zurück, »als wir bei den Fleischtöpfen saßen und hatten Brot die Fülle zu essen«[144]. Wurde die Wüste nicht seither zum Chiffre einer neuen Schule der Seele? Die »Rückständigkeit der Massen«, von den Revolutionären fast täglich beklagt, verlangte nach der Zucht – der Partei. »Was wär ich, ohne daß mich die Partei / In ihre Zucht genommen, ihre strenge?!«[145] fragte Becher, und von Bertolt Brecht ist bekannt, daß er einmal auf die Frage, welches Buch ihn denn am tiefsten prägte, lapidar antwortete: »Sie werden lachen: die Bibel.«

XIII. Umarme den Schlächter

In Brechts frühem Lehrstück »Die Maßnahme« heißt es:

> Klagend zerschlugen wir unsere Köpfe mit unseren
>   Fäusten
> Daß sie uns nur den furchtbaren Rat wußten: jetzt
> Abzuschneiden den eigenen Fuß vom Körper; denn
> Furchtbar ist es zu töten.
> Aber nicht andere nur, auch uns töten wir, wenn es
>   nottut
> Da doch nur mit Gewalt diese tötende
> Welt zu ändern ist, wie
> Jeder Lebende weiß.
> Noch ist es uns, sagten wir
> nicht vergönnt, nicht zu töten. Einzig mit dem
> Unbeugbaren Willen, die Welt zu verändern,
>   begründeten wir
> die Maßnahme.

Das Prinzip, das Brecht formuliert, wird zum geflügelten Wort:

> Umarme den Schlächter, aber
> Ändere die Welt: sie braucht es!

XIV. Immer konsequent

»Unsere einzige Richtlinie (ist) die der logischen Konsequenz«, sagt Rubaschow, der Angeklagte in Arthur Koestlers paradigmatischem herätischem Roman »Sonnenfinsternis«, der in einer Art grandiosen Mißverständnisses stets nur als antikommunistischer Text und nicht als psychologische Studie der bolschewistischen Mentalität gelesen wurde. »Wir stehen unter dem furchtbaren Zwang, unsere Gedanken bis in ihre letzte Konsequenz zu Ende zu denken und zu Ende zu handeln.«[146] Wenn die Partei die Verkörperung der »revolutionären Idee in der Geschichte« (S. 27) ist, dann muß der Kurs der Partei »scharf abgegrenzt« sein wie »ein schnurgerader Pfad im Gebirge« (S. 27). Mußte es nicht auch Rubaschow in seinem Kerker durchaus logisch erscheinen, »daß die Geschichte auf Schienen lief nach einem unfehlbaren Fahrplan und mit einem unfehlbaren Weichensteller, Nummer Eins« (S. 16)? Was bewiesen schon die Toten? Die Geschichte ist ein »Baumeister ohne Moral« (S. 80), der neue Mensch wird nicht von Gouvernanten erzogen: »Wir reißen der Menschheit die alte Haut vom Leibe und nähen sie in eine neue ein.« (S. 102) Opposition gegen die Nummer Eins gerät so zur Opposition gegen die Geschichte, ein Unternehmen, welches man je nach Laune lächerlich und objektiv verbrecherisch nennen mag. So sprach denn der Untersuchungsrichter Gletkin, ein junger Mann von jenem Schlage, dem jedes Problem als technisch lösbar scheint: »Im Kriegsfall, von dem uns möglicherweise nur einige Monate trennen, können solche Strömungen zur Katastrophe werden. Daher die absolute Notwendigkeit, für die Partei, geeinigt dazustehen. Sie muß aus einem Guß sein, ein einziger Block, gefüllt mit blinder Disziplin und absolutem Vertrauen« (S. 152). So mußte Rubaschow am Ende einsehen – ja, eigentlich hatte er es potentiell immer schon eingesehen, da er doch wußte, daß die Abschaffung der sinnlosen Leiden nur durch eine »zeitweilige, enorme Erhöhung« der sinnvollen Leiden zu erreichen war –, daß seine Kapitulation, sein Geständnis, sein Tod das letzte Opfer sei, daß er der Partei, der Revolution, der Geschichte zu erbringen hatte.

XV. Der Verdacht

»Morgen kommt Benjamin«, schreibt Brecht Anfang Juni 1931 an Helene Weigel aus Le Lavandou. Seit Beginn der Bekanntschaft stapelten sich »die großen Gesprächsmassen« in den Zusammenkünften der beiden, wie Benjamin gegenüber Adorno formuliert.[147] Benjamin hat Anfang der dreißiger Jahre mit »großer Begeisterung Trotzkis Autobiographie und seine Geschichte der Februarrevolution«[148] gelesen. In sein Tagebuch notiert Benjamin: »Die Rede kommt auf Trotzki; Brecht meint, es ließe sich mit gutem Recht behaupten, daß Trotzki der größte lebende Schriftsteller von Europa wäre.«[149] Im August 1938 äußert Brecht gegenüber Benjamin in trotzkischem Jargon: »In Rußland herrscht eine Diktatur über das Proletariat«, fügt aber hinzu: »Es ist solange zu vermeiden, sich von ihr loszusagen als diese Diktatur noch praktische Arbeit für das Proletariat leistet.«[150] Und gegenüber seinem Freund Fritz Sternberg formuliert Brecht: »Terror ... war notwendig, um den Fortschritt zu garantieren.«[151] Der berühmteste Ausspruch Brechts über die Angeklagten der Moskauer Prozesse ist der von Hannah Arendt zitierte. Danach soll Brecht in einem Gespräch gesagt haben: »Je unschuldiger sie sind, um so mehr verdienen sie, an die Wand gestellt zu werden.«[152] Kaum eine Wortmeldung dokumentiert derart exemplarisch die Mehrdeutigkeit, mit der Brecht innerkommunistische Fragen – den Hut tief ins Gesicht gezogen – zu behandeln pflegte. Der Satz könnte als »radikal«

trotzkistische Position verstanden werden: Weil die Angeklagten ihrer Kommunistenpflicht, die antistalinistische Revolution vorzubereiten, entgegen all ihrer Geständnisse eben nicht nachgekommen seien, sind sie vor der Geschichte zu verurteilen. Eine andere Interpretation liefe freilich darauf hinaus, daß die Angeklagten für Brecht, ihrer bloßen Bereitschaft wegen – wenn auch unter Folter –, solch erniedrigende Geständnisse abzulegen, ihr Lebensrecht verwirkt haben – letztere Variante schließt eine antistalinistische Position Brechts *nicht* notwendigerweise ein.

Tatsächlich dürfte Brechts Position oszilliert haben. »Er sitze im Exil und warte auf die Rote Armee«, heißt es in einer Notiz Benjamins über ein Gespräch mit Brecht aus dem Jahr 1938. Weiter: »Der russischen Entwicklung folge er; und den Schriften Trotzkis ebenso. Sie beweisen, daß ein Verdacht besteht ...« Ein Verdacht, weiter nichts. Erst wenn dieser eines Tages erwiesen sein sollte, »müßte man das Regime bekämpfen – und zwar öffentlich«.[153]

XVI. Zwischen Stühlen

Brecht geht nach Amerika, Benjamin wird bei der Flucht aus Frankreich nach Spanien aufgegriffen und begeht im Polizeigefängnis Selbstmord. Johannes R. Becher saß derweil in Moskau, gerade noch einmal davongekommen. Eine Zusammenkunft zur Verdammung der Feinde des Volkes hatte er verlassen, ohne den Maßregeln den üblichen Applaus zu spenden. »Bei einer Versammlung des Unionsverbandes der Sowjetschriftsteller aus Anlaß des Prozesses gegen das terroristisch-trotzkistisch-sinowjewsche Zentrum, verließ er die Versammlung vor der Abstimmung. Er selbst bezeichnete das als einen schweren politischen Fehler«, sollte es in einer 1939 verfaßten Notiz zu seinem

Lebenslauf heißen.[154] Nicht sehr viel später machte er seinen Reim auf den Stählernen.

> Er spricht ganz nah. Die Worte tönen wider.
> Welch eine Kraft er uns, uns allen gab.
> Welch eine Kraft es gab, als Stalin sprach.[155]

Zuvor hatte er gar noch den Hitler-Stalin-Pakt in seiner Ode »An Stalin« besungen, worüber wir auf Grund einer Indiskretion Erich Frieds Bescheid wissen.

> Du beschützt mit deiner starken Hand
> den Garten der Sowjetunion
> Und jedes Unkraut reißt Du aus
> Du, Mutter Rußlands größter Sohn,
> Nimm diesen Strauß mit Akelei
> zum Zeichen für das Friedensband,
> das fest sich spannt,
> zur Reichskanzlei.

Bronnen wiederum erweist sich auf seine Art als konsequent. Nachdem er beinahe zwischen die Mühlsteine derer geraten war, die er besungen hatte, schließt er sich dem antinazistischen Widerstand an, tritt der KPÖ bei – »Ich habe mein in jenen Jahren begangenes Unrecht eingesehen und bekannt«, schreibt er im »Österreichischen Tagebuch« – und übersiedelt 1955 in die DDR. Becher und Brecht sind schon da, der eine seit Kriegsende, der andere seit kürzerer Zeit.

Ihre Wege hatten sich in den Aufbaujahren nur mehr gelegentlich gekreuzt. 1956 schreibt Brecht noch einmal an Becher: »Die Zeit des Kollektivismus ist zunächst eine Zeit der Monologe geworden ...«[156] Immer seltener werden die Eintragungen in sein Arbeitsjournal, in das er noch 1949 notiert hatte, als Motto für den Band «Neue Gedichte«:

»Die Aufregungen der Gebirge liegen hinter uns, vor uns liegen die Aufregungen der Ebenen«.[157]

Becher seinerseits sollte noch auf der III. Parteikonferenz fordern: »Wir wollen ein buntes, blühendes Leben und kein einförmig graues« – doch da lag der 17. Juni 1953 bereits zurück, jener Aufstand, der – so Brecht – die »ganze Existenz verfremdet« hat[158].

Danach setzte Brecht sich ins schöne Buckow und schrieb seine Elegien.

> Heute nacht im Traum sah ich Finger, auf mich deutend
> Wie auf einen Aussätzigen. Sie waren zerarbeitet und
> Sie waren gebrochen.
>
> Unwissende! Schrie ich
> Schuldbewußt.[159]

XVII. Salonbolschewismus

Brecht stirbt 1956, Becher 1958, Bronnen, nachdem er noch einen großen Schluck DDR genommen hatte, 1959. Gescheiterte – auf allen Linien? Das ist das heute gängige Urteil einer Generation, die meist gar nicht erst in die Lage gerät, scheitern zu können. Darum sei eine andere Lesart versucht. Wir haben Menschen kennengelernt, die bis zum Abgrund gegangen sind – und, wenn man so will, einen Schritt weiter. Die nicht zu kurz gegriffen haben, sondern entschieden zu weit gingen. Jeder kann bei der oben gewählten Darstellung übrigens selbst bestimmen, an welcher Stelle er aus der Konsequenz »aussteigen« hätte wollen. Und wir müssen uns fragen: Wenn, wie es bei Walter Benjamin heißt, »niemals ein Dokument der Kultur (ist), ohne zugleich ein solches der Barbarei zu sein«[160], gilt dann nicht auch der Umkehrschluß: daß da niemals ein Dokument der Barbarei sei, das nicht auch eines der Kultur ist? In unserer halb aufgeklärten Ära können »wir Superklugen von heute« (Paul Berman)[161] uns gar nicht mehr vorstellen, wie einigermaßen intelligente Menschen zu Stalinisten werden konnten. Was aber, wenn das gar keinen Fortschritt darstellt? Womöglich hat, wer dies nicht verstehen kann, gar nichts verstanden.

SCHLUSS

12. Immer radikal, niemals konsequent

Nichts ist, wie es war, aber nichts war, was nicht heute noch nachwirken würde. Die alte Linke war von der Gewißheit getragen: History is on our side. Es gibt ein Jenseits des Kapitalismus. Diesseits der Grenze ist die menschliche Vorgeschichte, die Wüste. Jenseits das Reich der Freiheit, in dem sich alle Sehnsüchte erfüllen würden und damit auch die zentrale Sehnsucht: nach Autonomie, Selbstbestimmung, echtem Leben, innerem Reichtum. Wenn es einen solchen Graben, ein solches Massiv gibt, das Vorgeschichte und erfüllte Geschichte trennt, dann ist natürlich alles zu tun, und zwar ohne Rücksichten, um diese Schwelle zu erreichen – dann heiligt auch jeder Zweck die Mittel. Dafür haben sie sich kasteit, militante Parteien gegründet, die nach dem Vorbild militärischer Formationen organisiert wurden. Wenn es dem historischen Fortschritt diente, haben sie den Schlächter umarmt. Die Militanten haben ihr Leben riskiert, und ein paar andere, die ihr Leben nicht riskierten, haben geklatscht dazu und ihr Sektglas erhoben – der Begriff Radical Chic hat in dieser Konstellation seinen Ursprung.

Von diesem Arrangement ist nicht mehr viel übrig. History is on no ones side. »Revolution« im Sinne eines ganz anderen, eines großen Anderen ist kaum mehr denkbar. Und auch der Kapitalismus hat sich verändert. Er hat in den vergangenen dreißig Jahren die Emanzipations- und Authentizitätsforderungen teilweise erfüllt und sich an sie angepaßt, sowohl was die Organisation der Produktion betrifft (man denke nur an den erweiterten Spielraum für

Eigeninitiative der Arbeitnehmer oder auch an die wachsende Bedeutung von relativ autonomen Projektteams), als auch in Marketing und Konsum. Dennoch sind die Quellen der Empörung ganz offenbar nicht versiegt – mag sie sich in Revolten äußern oder in bloßem Unbehagen. Diese sind keine Phantome aus einer versunkenen Epoche der Geistesgeschichte, keine bloßen Zitate aus dem Fundus exaltierter Zeichensprache, auch wenn die Formen, in denen sie zutage treten, dies manchmal nahelegen – sie sind eine Wahrheit der heute existierenden Verhältnisse. Sie sind dies nicht etwa deshalb, weil sie von irgendwelchen anthropologisch konstanten Bestrebungen getragen würden, die *trotz* der Verhältnisse existieren, gleichsam quer zu diesen, weil sie ein Element von etwas zutiefst Menschlichem markieren, das nicht ausrottbar ist; sondern weil sie von den Verhältnissen produziert werden. Die Vorstellung, die kapitalistische Moderne sei kalt, rationell, verdingliche alle menschlichen Beziehungen, während die Menschen »an sich« Wärme, Nähe und Freundlichkeit lieben, drückt einen ziemlich pausbäckigen, romantischen Konservativismus aus. »An sich« sind die Menschen zunächst nämlich gar nichts. Was sie wünschen und für sich ersehnen ist immer schon von Geschichte und Gesellschaft geprägt. Kein Gott hat ihnen am siebten Tag mit dem Odem des Ackers auch in die Nase geblasen, was sie ein paar zehntausend Jahre später für mehr und was sie für weniger erstrebenswert halten würden. Was ein Mensch ist und ersehnt, wird in der Interaktion mit Geschichte, Gesellschaft, durch die Kommunikation mit seiner Umgebung bestimmt (wenn auch, ebenfalls, durch seine Talente, seine Anlagen etc.), jedenfalls »ist« er nicht in irgendeinem essentiellem Sinne – über eine fixe »Identität« dieser Art verfügen vielleicht Moskitos oder Termiten, nicht aber so komplizierte Wesen wie unsereins.[162]

Und auch der Kapitalismus ist nicht nur eine Wirtschaftsweise, sondern immer von einem vorherrschenden »Geist« beseelt – der ebenso von Geschichte und Gesellschaft geprägt und verwandelt wird. Er produziert Sehnsüchte, wird von diesen aber auch stets selbst produziert – und verändert.[163] Der Kapitalismus, zumal der postfordistische, digitalisierte, beschleunigte, könnte nicht existieren, würde er Kreativität, Individualität, Autonomie nicht produzieren und sich nutzbar machen. Produktion heißt heute mehr denn je Produktion von Subjektivitäten, und die immaterielle Arbeit ist die qualitativ bestimmende Produktionsform – sie produziert die Technologien wie auch die Sozialtechniken, die die modernen Gesellschaften prägen, und das zunehmend in planetarischem Maßstab[164]. Die Wissensrevolution schafft damit aber auch ein Leitbild, dem die Menschen genügen wollen – und nur schwer können. Die Menschen sollen ihre Potentiale erweitern, sich allseitig entwickeln, sich selbst verwirklichen, wird ihnen eingetrichtert. Am besten, sie leben im Einklang mit der Natur, das aber in brummenden innerstädtischen Quartieren, sind schön und locker, immerwährend jung, unabhängig von anderen und dennoch eingebettet in stabile Beziehungswelten, kreativ und kommunikativ, mobil und doch geerdet. Sie sollen nie auslernen, aber dafür ihr Studium in Rekordzeit abschließen. Sie sollen emsig sein, aber kein Erlebnis auslassen, diszipliniert, aber ja nicht verbissen. Nichts sollen sie einfach so hinnehmen, aber wer zu viele Fragen stellt, gilt schnell als Querulant oder Miesepeter. Selber denken, aber nur ja nicht abweichen vom professionellen Role-Modell, lautet die unmögliche Devise. Kein Wunder, daß in immer mehr Menschen das Gefühl hochsteigt, daß das nicht aufgehen kann, daß da irgend etwas nicht stimmt; daß die Sehnsüchte, die sie hegen, sich nicht realisieren werden. Doch wie bereits gesagt: Dieses Begehren nach dem »echten Leben«, nach »wirklichen Gefühlen« und »innerem Reichtum« steckt in den Menschen, es wächst aber nicht aus den Menschen, sondern aus der Gesellschaft, und zwar aus der Gesellschaft, wie sie heute existiert. Man muß keineswegs krampfhaft auf der Suche nach Paradoxa sein, um konstatieren zu müssen: Kapitalismuskritik ist ein Produkt des Kapitalismus. Die Bestrebung dieses Buches war es, das zu zeigen – und so detailliert wie möglich die Erscheinungsformen zu beschreiben, in denen sich dies heute äußert.

Das ist natürlich zunächst eine halb erbauliche Geschichte, weil sie erzählt, wie ein System, das ungeheuer stabil erscheint, sich nicht nur reproduziert, sondern auch die Rebellionen gegen sich mitproduziert. Da tut sich Licht auf, trotz der Jeremiaden über die Globalisierungsfalle. Gewissermaßen: Dur statt Moll. Kapitalismus und Kommerz richten sich die Subjekte vollständig zu? Sie fressen sich durch sie durch, bis alle fest angeschlossen sind an das Räderwerk, deren Marionetten sie nur sind? So einfach ist das eben nicht, und es tut sich in diesem Arrangement genug Platz auf für paradoxe Volten. Die ironische Pointe dieser Geschichte lautet, nur leicht zugespitzt: Weil der Kapitalismus in den Subjekten drinsteckt, wollen sie aus ihm raus.

Aber natürlich ist auch pausbäckige Zukunftsfröhlichkeit fehl am Platze. Es gibt den Drang nach Engagement jenseits der nackten kapitalistischen Rationalität, es gibt die zunehmenden Versuche, Räume zu verteidigen und auszuweiten, die von der Kommerzkultur nicht kolonisiert sind, die Suche nach Möglichkeiten, *das nicht zu leben*. Es gibt die Sehnsucht nach einer Alternative. Aber es gibt keine auch nur phantasierte realistische Alternative. Darum, schreibt Perry Anderson, der britische Historiker und Herausgeber von „New Left Review«: »Erstmals seit der Reformation gibt es heute keine signifikante Opposition mehr – das heißt, systematische rivalisierende Weltbetrachtungen innerhalb der Gedankenwelt des Westens.«

»Eine andere Welt ist möglich«, heißt es in der schönen Parole der Globalisierungskritiker. Natürlich ist das zunächst nur eine etwas kitschige Beschwörungsformel. Die meisten tun sich schwer zu beschreiben, wie denn eine solche andere Welt aussehen könnte.

Wo Macht ist, ist auch Widerstand, die berühmte Formel Foucaults ist unabweisbar. Die Revolten sind darum auch in den Formen, in denen sie zutage treten, auf der Höhe der Zeit. Sie treten nicht mehr in spätbolschewistischer Maskerade auf, und was gewiß auch ihre Schwäche ist, ist auch ihre Stärke: Sie sind individuell oder in Zirkel und Gruppen beheimatet, die sich gelegentlich zu Schwärmen zusammenschließen. Die Strukturen von Macht und Gegenmacht ähneln sich auf signifikante Weise. Die Macht ist eine Struktur, die subjektlos prozessiert, ein Netzwerk von Machtknoten und Machtmaschen, und sie vollzieht sich über materielle, aber zu einem nicht unbedeutenden Teil auch über diskursive und kommunikative Praktiken. Die Gegenmacht (oder vielleicht besser: Anti-Macht) ist ebenso ein Netzwerk, mit ähnlichen Stärken und Schwächen. Instabil, dafür flexibel, klein, sich stets wendend, experimentell, fähig, schnell zu reagieren. Und eher zweifelnd als mit Gewißheiten ausgerüstet.

»Wir marschieren mit Fragen auf unseren Lippen«, heißt es in einem der programmatischen Texte der italienischen Tute Bianche, und das ist ein wunderschönes Exempel für die Verpuppungen und Verwandlungen dieser neuesten Linken. Das Wort »marschieren« ist gewissermaßen ein Überbleibsel aus der Zeit, in der man dissidente Politik noch in Armee-Metaphern dachte – »mit Fragen auf unseren Lippen« dagegen markiert schon eine ganz andere, neue Welt des Denkens. Radikal sein heißt heute, Versuche anzustellen, und zwar um das mit dem schönen Benjamin-Wort zu sagen, »immer radikal, niemals konsequent«.

Und sich von den großen Dichotomien zu verabschieden.

Die alte Linke war auf den Staat orientiert, oder genauer gesagt, jener Flügel der alten Linken, der den innerlinken Kampf um die Hegemonie gewonnen hatte – der marxistisch-sozialistische Flügel, der beinahe überall, außer in Südeuropa, über die Anarchisten triumphiert hatte. Sozialisten und Kommunisten waren, ebenso wie die nationalistischen Parteien, mit denen sie einige Ähnlichkeiten aufwiesen, zunächst daran orientiert, die Macht im Nationalstaat zu erkämpfen. Die historischen Resultate dieses langen Prozesses waren, neben anderen, die Identifikation des Sozialen und des Nationalen im westeuropäischen Wohlfahrtsstaat, aber auch die Identifikation von Sozialrevolution und nationaler Befreiung in den Kämpfen der meisten Guerillakriege der Dritten Welt. Kurzum: als Vorbedingung für die Verbesserung der Welt galt, daß die Linken die Herren im (National-)Staat würden.[165] Befreiung hieß, die Schaltstellen zu erobern, um am großen Steuerrad der Geschichte drehen zu können. Die Gesellschaft wurde als eine große Fabrik imaginiert, und die Revolutionäre wollten die Direktorenposten – was vielleicht auch damit zusammenhing, daß es sich bei den Führern der Revolutionsparteien meist um strebsame junge Akademiker aus der Ober- und Mittelschicht handelte, für die Direktorenposten gewissermaßen eine natürliche Anziehungskraft hatten.

Die neuesten Linken, auch deren radikalste Wortführer, träumen davon nicht einmal mehr, was wohl auch mit der Krise des Nationalstaats als solchem zu tun hat, mit der Ahnung, im Kontext nationalstaatlich verfaßter Politik würden im Grunde nur mehr Nebensächlichkeiten verhandelt – aber auch, weil sie die Erfahrung verarbeiten mußten, daß die alte Linke in dem, was ihr als Befreiungskampf galt, oft die alten Machtpraktiken reproduziert hat. Mit der »existentialistischen Wende«, wie das Diedrich Diederichsen nennt, oder der »Politisierung des Lebens«, wie es bei Katja Diefenbach heißt, nahm die Linke Abschied vom Staat, wenn auch zunächst unbemerkt. Man stellte zwar noch Forderungen an die Regierenden, protestierte gegen sie, phantasierte vielleicht sogar von den »herrschenden Mächten«, die den Staat im Griff hielten – im Grunde aber vor allem darum, weil man von ihnen in Ruhe gelassen werden wollte. Die neue Formel lautete, in der schönen Wendung des linken Theoretikers John Holloway: »Die Welt verändern, ohne die Macht zu übernehmen.«[166] Man wollte neue Lebensformen erproben, soziale Praktiken jenseits der Kontrolle staatlicher Mächte oder kalter ökonomischer Imperative, was insofern zusammenhing, als es oft ja in den Händen staatlicher Organe liegt, die Einzelnen von ökonomischen Imperativen zu befreien – sei es durch die Überweisung der Sozialhilfe, sei es durch die Subvention linker Initiativen, sei es durch Regulierung der Märkte oder sei es bloß, indem sie Miete, Strom- und Heizkosten für das autonome Kulturzentrum um die Ecke begleichen.

Das war oft der Rückzug in eine Nische, vielleicht aber doch ehrlicher als der Pomp, mit der manche Jungakademiker aus begütertem Haus »das Proletariat« befreien wollten. Und es hatte einen Effekt, dessen antikapitalistischer Moment erst heute stärker zutage tritt: Inmitten des Marktes wurden dem Markt Einflußzonen abgerungen. Das fällt jetzt auf, weil die (öffentlichen) Räume, in denen das Marktprinzip sistiert ist, unter Druck geraten und manche Straßenzüge wie eine einzige große Shopping Mall wirken. Die marktfreien Zonen zu verteidigen und, wo möglich, auszuweiten ist daher ein ganz zentrales Anliegen der neuesten Linken. Ein Anliegen, das sich etwa in den jüngst populär gewordenen »Umsonst«-Kampagnen äußert, die auf spektakuläre und theatralische Weise deutlich machen sollen, daß es öffentliche Güter gibt, zu denen freier Zugang gesichert gehört (das Ergebnis sind dann regelrechte Happenings, wenn etwa ein Rudel junger Leute ein Schwimmbad stürmt und, ohne zu bezahlen, baden geht).

Die neuen Revolten werden nicht unwesentlich von jenen jungen Leuten getragen, die sich in diesen Nischen im weitesten Sinn eingerichtet haben oder deren Lebenswelt aus diesem Netzwerk von Kneipen, Kunstszene, Medieninitiativen, Teilzeitstellen, ehemals besetzten Häusern, Platten- und Modeläden, Kindergruppen, NGOs und Internet-Schuppen besteht. Daraus ergibt sich gewissermaßen eine soziale Identität von Lebenswirklichkeit und Anliegen, auch wenn sich nähere und fernere Gründe für Empörung durchaus paaren können, man sich über die Kommerzialisierung des örtlichen Kulturzentrums aufregt und gleichzeitig über den Hunger in der Dritten Welt. Das Rebellische ist jedenfalls keine bloße Mode und auch keine juvenile Verirrung, kommt es durchaus aus den eigenen, materiellen Existenzformen. Man will kreativ sein, sein Leben leben, und nicht wenige tun das konsequent und inkonsequent zugleich – durchaus fähig, sich virtuos am Markt zu bewegen und diesem auch sein Schnippchen zu schlagen. Der Softwareentwickler, der an einen Multi wie SAP liefert, aber der NGO seines Vertrauens gratis den Server installiert, ist eine durchaus typische Gestalt. Und, was keineswegs unterschätzt werden sollte: Krise und kapitalistische Umstrukturierung sind selbst Motoren dieser Szenerie. Auf diesen Märkten jenseits des Marktes tummeln sich viele auch deshalb, weil eine halbe Generation kaum mehr größere Aussicht hat auf fixe Arbeitsverträge und es in diesem vernetzten Raum des Informellen immer auch die Möglichkeit gibt, das eine oder andere ambitionierte Projekt zu realisieren – und sei es auch nur für kleines Geld. Schick mag das alles auch sein, aber das pejorative

Wort »Radical Chic« ist doch völlig fehl am Platze – mit einem Leonard Bernstein, der sich mit den Black Panthers auch das Abenteuer ins Penthouse holt, hat das alles nicht sehr viel zu tun. Mit »Radical Chic« läßt sich die Attraktivität des Informellen jedenfalls ebensowenig erfassen wie mit dem notorisch übellaunigen Einwand, diese Netze semisubversiver Lebendigkeit beruhten doch nur auf »Selbstausbeutung«. Gewiß ist wahr: Der gesamte informelle Sektor, von NGOs bis zum linken Buchladen, von der kooperativ geführten Eckkneipe bis zur avancierten Galerie beruht auf der »Entgrenzung der Arbeitskraft«, wie das die Soziologen nennen – der Bereitschaft, neun, zehn, elf Stunden pro Tag an etwas zu arbeiten, was einem wichtig ist, ohne dafür im Austausch jenes Salär zu erhalten, das dem eingesetzten Engagement, der angewandten Kreativität, dem hohen Maß an Kompetenz und den investierten Gefühlen entsprechen würde. Aber der Begriff »Selbstausbeutung« verstellt mehr den Blick, als daß er etwas erhellt. In ihm schwingt etwas Höhnisches mit, mildtätiges Mitleid mit den armen Deppen, die sich soviel antun, ohne daß es sich für sie lohnen würde.

Denn natürlich lohnt es sich für sie – wenn auch in nicht so leicht zu berechnender Weise. Schlechter Entlohnung steht ein Gewinn an Lust, Lebensfreude und Autonomie gegenüber. Kaum einer der »Selbstausbeuter« würde, wenn er könnte, wegen zwanzig oder dreißig Prozent zusätzlichen Einkommens ins klassische Büro oder gar ans Fließband wechseln.

Nun setzen, wie wir wissen, scharfe Reden dem Kapitalismus nicht zu und auch mit der Subkultur hat die Marktökonomie bestens zu leben gelernt. Zwar ist die Existenz von Zonen jenseits des Marktes nichts, was kapitalistischem Eroberungsgeist besonders behagt, und auch die liebenswerte Ineffizienz, mit der sich in diesen Gehegen des

Informellen menschlicher Betätigungsdrang äußert, sträubt sich gegen alle Uniformisierungstendenzen, die ansonsten vorherrschend sind. Doch eine »Gefahr« in irgendeinem vernünftigen Sinn des Wortes stellen diese Szenen für die herrschenden Verhältnisse natürlich nicht dar. Im Gegenteil: Die Leute machen »ihr Ding« auf eigene Rechnung, Leben und Arbeit fallen zusammen, man ist agil und stets änderungsbereit und von einem unbändigen Unternehmensgeist beseelt – alles Anforderungen, wie sie auch in der Marktzone an das neoliberale Subjekt gestellt werden. Wahrscheinlich werden auch die neuen Revolten den Kapitalismus weder transzendieren noch abschaffen.

Aber sie werden ihn ändern.

Ein Beispiel, das sich nicht völlig auf andere Bereiche übertragen lassen wird, aber doch erhellend ist: Die kleinen unabhängigen Indie-Labels haben die marktbeherrschende Stellung der Majors, der großen Multis in der Popbranche nicht untergraben, aber sie haben doch die *rules of the game* verändert. Aufgrund des Eigensinns derer, die sich aus der Kommerzkultur ausklinken wollten, und im Bündnis mit Prozessen, die man früher in der Sprache des Marxismus »objektive«, »materielle« Tendenzen genannt hat. In diesem Fall: technologischen Revolutionen, die es relativ einfach machten, Musik zu produzieren und massenhaft zu reproduzieren. Heute arbeiten viele Indies mit Multis als Vertriebspartner zusammen. Sind sie deshalb gescheitert? Oder waren sie erfolgreich? Oder ist das irgend etwas dazwischen – erfolgreiches Scheitern?

Man kann einwenden, solches erfolgreiches Scheitern beschreibt den Prozeß, wie rebellische Ideen an ihren Zielen scheitern und zu Agenturen eines fälligen Modernisierungsprozesses werden, so wie die Achtundsechziger an ihren revolutionären Zielen scheiterten, dafür aber den Mief der fünfziger Jahre vertrieben. Aber was heißt das? Doch wohl nicht, daß sie völlig nutzlos sind. Daß der

Prozeß der Modernisierung und gesellschaftlichen Öffnung ohne die rebellischen Energien der sechziger und siebziger Jahre so erfolgreich gewesen wäre, wie er war, läßt sich wohl nur schwer behaupten. Ohnehin werden solche Prozesse in der Rückschau und der Fernansicht allzu idyllisch dargestellt. Gerade da, wo Rebellionen erfolgreich sind und ein neues Arrangement nach sich ziehen, richten sie sich gegen hergebrachte Techniken der Macht, die sich nicht mit einem fröhlichem »und tschüß« verabschieden.

Und in dem neuen Arrangement, das sie produzieren, herrscht meist auch nicht Friede, Freude, Eierkuchen. Aufstiegs- und Bildungschancen schwinden heute, wer einmal rausfällt aus einer geregelten Beschäftigung, kommt weit schwerer in eine neue – wer nie in einer war, hat deutlich größere Probleme, einen Job zu finden, als das vor zehn, fünfzehn Jahren der Fall war. Immer mehr Menschen haben das wohlfahrtsstaatliche Netz nötig, und dieses wird zunehmend porös.

Vielleicht ist heute weniger Ausbeutung das Problem als vielmehr Ausgrenzung – wenngleich sich das nicht so leicht trennen läßt, weil die Erfolgreichen von den Erfolglosen abhängen, und sei es bloß auf vermittelte Weise; so, wie man etwa nur mobil sein kann in Hinblick auf eine andere Referenzgruppe – die der Immobilen. Wie immer in der Geschichte empören sich gegen das Elend nicht nur die Elenden, also die direkt Betroffenen – ja, nicht einmal in erster Linie –, sondern diejenigen, die die Gefahr wittern, selbst abzusteigen, oder diejenigen, die in (vermeintlich?) sicheren Verhältnissen den Freiraum haben, überhaupt auf den Gedanken zu kommen, daß etwas falsch läuft. Freilich: Alle Welt weiß heutzutage, wie glitschig das Terrain für jene ist, die irgendwie das Gefühl haben, daß ihnen die gegebenen Zustände nicht passen, daß etwas getan werden müsse. Wer etwas tut, tut schon mit. Wer etwas Rebellisches tut, produziert die nächste Schlagzeile, wer es vermag, das einigermaßen öffentlichkeitswirksam zu tun, produziert vielleicht gar den nächsten Trend. Und unsere Begrifflichkeiten sind tief eingefärbt von der urmodernen Vorstellungsreihe, große gesellschaftliche Umwälzungen bräuchten zunächst eine Utopie, dann einen Umsturz und führen schließlich zum Aufbau einer neuen Gesellschaft. Weil es solche Utopien nicht mehr gibt und der Glauben an den großen messianischen Umbruch verlorengegangen ist, meinen wir, es wird sich gar nichts mehr tun. Und übersehen, daß die Veränderungen längst im Gang sind. Viele wenden sich ab vom großen Marktplatz. Andere begehren auf und erproben neue Formen politischen Aktivismus, wieder andere nehmen an eher traditionellen Formen teil. Die ideologische Auseinandersetzung wird heftiger. In den Tiefen der Gesellschaft grummelt eine sehr eigentümliche Wut auf »die globalisierten Eliten« oder »die Geldsäcke« oder auf das McKinsey-Syndrom, ein begriffsloser Zorn vielleicht, der aber auch eine Form der Realität darstellt. Die Attacies argumentieren auf Basis der keynesianischen Wirtschaftstheorie, Gewerkschafter sehen sich nach neuen Bündnispartnern im informellen Bereich um, unorthodoxere Geister versuchen minoritäre Lebenspraxen mit exaltierten Theorien in Einklang zu bringen. NGOs schwärmen aus. Und all das ist im Einklang mit objektiven Tendenzen, dem Zug der Zeit. Die fordistischen Arrangements lösen sich auf, mit den Freiheitsgewinnen, die das bringt, gehen Bedrohungen einher. Die Ambivalenzen, die das produziert, durchfurchen nicht nur die Gesellschaft, sondern auch die Individuen selbst: Sie haben eine Autonomieerwartung und oft gleichzeitig eine Sicherheitserwartung, die zu dieser in Spannung steht. Entfremdung ist wieder ein großes Thema geworden. Begriffe wie Solidarität, (soziale) Gerechtigkeit, Gleichheit, ja selbst Begriffe wie Existenzminimum verlieren ihre bisherige Bedeutung und werden neu bestimmt. Diese Neubestimmung ist umkämpft, und diese Auseinandersetzung wird in den verschiedensten Sphären der Gesellschaft, in allen Schichten und Milieus ausgetragen. Man weiß nicht genau, was das bringen wird.

Aber absurd ist, anzunehmen, daß es nichts bringen wird. Das ist natürlich noch keine beglückende Aussicht für die meisten von uns, die gerne wissen, wo es langgeht, welche Auswege uns offenstehen. Das Schöne an den alten Revolutionstheorien war nicht zuletzt, daß sie einem mit einer vorgeblich eindeutigen Rezeptur ausstatteten, wie man vom Schlechten zum Guten komme, etwa vom Kapitalismus zum Sozialismus. Sie waren eine Art Landkarte, mit der beglückenden Eigenart, daß darauf nur ein Weg und höchstens ein paar Umwege eingezeichnet waren und man sich auf diesen zwar mit variablem Tempo, aber doch letztendlich nur in eine Richtung bewegen konnte.

Was hier versucht wurde zu begreifen, ist eine Konstellation: Erscheinungsformen des Politischen *nach den Utopien*. Rebellionen, Gesten oder Verweigerungen, die nicht auf einen kommenden, fernen Tag abzielen, sondern auf das Heute. Die nicht mehr angetrieben werden von der Idee einer perfekten Gesellschaft, die mit bewußter Ratio errichtet werden kann, sondern für die das eigene Leben und damit die Gegenwart im Zentrum steht – Rearrangements live, *in Echtzeit*, wie man gewissermaßen mit einem modernen Begriff sagen könnte. Und damit eine Form des Politischseins, die sich gar nicht immer auf den ersten Blick als politisch erkennen lassen muß. Auch «die private Revolte ist in Wahrheit nie privat», drückt das Hans Weingartner aus, der Regisseur der Antiglobalisierungskomödie «Die fetten Jahre sind vorbei». Kurzum, die Frage, der hier nachgespürt wurde, ist: Wie ist das Radikale, wie ist Linkssein denk- und begründbar *nach der klassischen Linken*, jenseits der Orthodoxie.

Ein paar Indizien und Elemente habe ich, hoffe ich,

zusammengetragen. Rezepte gibt es nicht und auch keine Trampelpfade. Es gibt nur die Möglichkeit zu tun, was man für richtig hält, gegen das zu argumentieren, was man für falsch hält, zu ändern zu versuchen, was einen stört – und dann und wann etwas zu riskieren. Manchmal ein bißchen zu weit zu gehen, anstatt stets allzu kurz zu treten. Neugierig zu sein, was daraus entsteht. Auszuhalten, daß man im voraus nicht so genau weiß, wohin der Weg führt. Und im übrigen nicht zu vergessen, daß alle Auswege mit Irrtümern gepflastert sind. Risiken und Nebenwirkungen müssen in Kauf genommen werden – da helfen weder Arzt noch Apotheker. So ist die Welt – kein göttlicher Heilsplan, sondern eine Versuchsanordnung.

Anmerkungen

1 Tom Wolfe: Radical Chic und Mau Mau bei der Wohlfahrtsbehörde. Berlin / Wien 2001.
2 Isolde Charim: Zwischen Festung und paradoxem Raum. Der Spätkapitalismus und seine Gegner. In: Macht Freiheit Staat. BAWAG-Anthologie zur offenen Gesellschaft. Wien 2001.
3 Elke Schmitter: Die stumpfe Logik der Schlacht. In: Der Spiegel, 32/2001.
4 Zitiert nach taz, 28. Juli 2001.
5 Financial Times, 10. Oktober 2001.
6 New Statesman, 3. Oktober 2001.
7 Die Zeit, 27. Februar 2003.
8 Ebenda.
9 Lori Wallach im Gespräch mit Robert Misik. In: taz, 14./15. September 2002.
10 Susan George im Gespräch mit Robert Misik. In: Neue Gesellschaft / Frankfurter Hefte, 5/2002.
11 Wir brauchen Ketzer. Ein ZEIT-Gespräch mit dem Schriftsteller Robert Menasse über Literatur und politische Leidenschaft. In: Die Zeit, 4. März 2004.
12 Thomas Clark: Amerikanischer Anti-Amerikanismus. Die Missverständlichkeit Michael Moores im deutschen Kontext. Unveröffentlichtes Manuskript eines Vortages in der Murhardschen Bibliothek, Kassen, 27. 5. 2003.
13 Larissa MacFarguhar: The Populist. In: The New Yorker, February, 16 & 23, 2004.
14 Frankfurter Allgemeine Zeitung, 18. November 2003.
15 Clark, Amerikanischer Anti-Amerikanismus.
16 Michael Hardt / Toni Negri: Empire. Die neue Weltordnung. Frankfurt a. M. / New York 2002, S. 29.
17 Ebenda, S. 10.
18 Ebenda, S. 11.
19 Ebenda, S. 29.
20 Ebenda, S. 12.
21 Ebenda, S. 47.
22 Ebenda, S. 202.
23 Ebenda, S. 49.

24 Ebenda, S. 266.
25 Ebenda, S. 38.
26 Ebenda, S. 116.
27 Ebenda, S. 285.
28 Katja Diefenbach: Klassenkampf der Engel. In: BUKO (Hg.): radikal global. Bausteine für eine internationalistische Linke. Assoziation A. Berlin/Hamburg/Göttingen 2003.
29 Oliver Marchart: Der durchkreuzte Ort der Partei. Internet.
30 Anne Dufourmantelle/Antonio Negri: Rückkehr. Alphabet eines bewegten Lebens. Frankfurt a. M. 2003, S. 127.
31 Ebenda, S. 198.
32 Michael Hardt im Gespräch mit Robert Misik. In: Falter, 5. November 2002.
33 Dufourmantelle/Negri: Rückkehr, S. 51.
34 Ebenda, S. 41.
35 Ebenda, S. 114.
36 Slavoj Zizek: Class Struggle or Postmodernism? Yes Please! In: Judith Butler/Ernesto Laclau/Slavoj Zizek: Contingency, Hegemony, Universality. Contemporary Dialogues on the Left. London 2000, S. 90–135, 96.
37 Jörg Lau: Auf der Suche nach dem guten Terror. In: Merkur, 3/2003.
38 Rebecca Mead: The Marx Brother. In: The New Yorker, May 5, 2003.
39 Slavoj Žižek: Die Revolution steht bevor. Dreizehn Versuche nach Lenin. Frankfurt a. M. 2002, S. 187.
40 Slavoj Zizek: What Is To Be Done (With Lenin)? Inthesetimes, 21. 1. 2004, Internet.
41 Ebenda.
42 Žižek: Die Revolution steht bevor, S. 17.
43 Slavoj Žižek: Die heutigen Chancen radikaler Politik. Ein Plädoyer für die leninistische Intoleranz. In: Demoracy Unrealized (Demokratie als unvollendeter Prozess). Plattform_1 Documenta 11. Wien 2001, S. 81.
44 Slavoj Žižek: Das fragile Absolute. Warum es sich lohnt, das christliche Erbe zu verteidigen. Berlin 2000, S. 17.
45 Ebenda, S. 50.
46 Žižek: Die heutigen Chancen radikaler Politik. In: documenta_11-Plattform 1. Demokratie als unvollendeter Prozess. Kassel 2002, S. 100.
47 Žižek: Die heutigen Chancen radikaler Politik, S. 80.
48 Zizek: What Is To Be Done, Internet.
49 Slavoj Zizek (ed): Mapping Ideology (Mapping). London 1994, S. 17.

50 Slavoj Žižek: Ein Plädoyer für die Intoleranz. Wien 1998, S. 72.
51 Elisabeth Katschnig-Fasch (Hg.): Das ganz alltägliche Elend. Begegnungen im Schatten des Neoliberalismus. Wien 2003.
52 Diederich Diederichsen: Denn sie wissen, was sie nicht leben wollen. Das kulturtheoretische Theater des René Pollesch. In: Theater Heute, März 2002.
53 Frauke Meyer-Gosau: Ändere dich, Situation! In: René Pollesch: World Wide Web-Slums. Reinbek 2003.
54 Sehnsucht nach Welt. In: Die Zeit, 22. April 1999.
55 Der materialistische Blick. Thomas Ostermeier im Gespräch mit Barbara Engelhardt. In: Theater der Zeit, Mai 2003.
56 Diederichsen, Denn sie wissen, was sie nicht leben wollen. In: Theater Heute, März 2002.
57 »Wir sind nicht allein«. In: taz, 4. Juli 2003.
58 Olaf Karnik: Polit-Pop und Sound-Politik in der Popgesellschaft. In: Klaus Neumann-Braun/Axel Schmidt und Manfred Mai (Hg.): Popvisionen. Links in die Zukunft. Frankfurt a. M. 2003, S. 115.
59 Imitation of Life. In: The New York Review of Books, Vol. 50, Nr. 17.
60 Terry Eagleton: After Theory. London 2004, S. 48.
61 Neumann-Braun/Schmidt und Manfred Mai (Hg.): Popvisionen, S. 13.
62 Vor allem die unorthodoxen italienischen Radikalen von Lotta Continua machten die Parole *Vogliamo tutto* weltberühmt.
63 Karl Marx: Ökonomisch-philosophische Manuskripte aus dem Jahre 1844. In: Marx/Engels: Werke. Ergänzungsband 1, Berlin 1968, S. 514.
64 Ebenda, S. 517.
65 Ebenda, S. 524.
66 Ebenda S. 566.
67 Marx/Engels: Ausgewählte Werke. Band 1, Berlin 1970, S. 235.
68 Siehe hierzu genauer die Kapitel »Frankenstein Oder: Der entfremdete Mensch« und »Die automatische Welt Oder: Der Kapitalismus, ein Theater ohne Autor« in meinem Buch «Marx für Eilige« (Berlin 2003).
69 Marx/Engels: Ausgewählte Werke. Band 1, S. 231.
70 Zitiert nach: Michael Walzer: Exodus und Revolution. Frankfurt a. M. 1995, S. 64.
71 Theodor W. Adorno: Jargon der Eigentlichkeit. Frankfurt a. M. 1964, S. 43.
72 Dufourmantelle/Negri: Rückkehr, S. 51.
73 Ágnes Heller: Das Leben ändern. Hamburg 1981, S. 147 f.
74 Ágnes Heller: Theorie der Bedürfnisse. Hamburg 1976, S. 107.
75 Die Zeit, 1. Oktober 2003.

76 Ève Chiapello / Luc Boltanski: Der neue Geist des Kapitalismus. Konstanz 2003, S. 145.
77 Pollesch: www-slums. 223 und 236.
78 Die Episode wird von glühenden Che-Adoranten als nicht endgültig erwiesen in Frage gestellt. Tatsächlich gibt es aber keinen Grund, der Darstellung des Che-Biographen Jon Lee Anderson zu mißtrauen. (Anderson: Che. Die Biographie. München 2001, S. 192.)
79 Ebenda, S. 170.
80 Ernesto Che Guevara: Schaffen wir zwei, drei, viele Vietnam. Botschaft an die Trikontinentale. In: Che Guevara: Politische Schriften. Eine Auswahl. Berlin 1981, S. 125.
81 Zitiert nach Frank Niess: Che Guevara. Reinbek 2003.
82 Siehe Michel Foucault: In Verteidigung der Gesellschaft. Vorlesungen am Collège de France (1975–1976). Frankfurt a. M. 1999.
83 Frantz Fanon: Schwarze Haut, weiße Masken. In: Fanon: Das kolonisierte Ding wird Mensch. Ausgewählte Schriften. Leipzig 1986, S. 16.
84 Frantz Fanon: Die Verdammten dieser Erde. Frankfurt a. M. 1981, S. 72.
85 Ebenda, S. 59 f.
86 Ebenda, S. 207.
87 Ebenda, S. 113.
88 Siehe hierzu Anne Huffschmid: Diskursguerilla: Wortergreifung und Widersinn. Die Zapatistas im Spiegel der mexikanischen und internationalen Öffentlichkeit. Heidelberg 2004.
89 Der rechte deutsche Staatstheoretiker Carl Schmitt hat diese Dimension unter ausdrücklicher Würdigung von Che Guevaras Thesen hellsichtig analysiert in: Theorie des Partisanen. Zwischenbemerkung zum Begriff des Politischen. 4. Aufl., Berlin 1995.
90 Isaiah Berlin, Wirklichkeitssinn. Ideengeschichtliche Untersuchungen. Berlin 1998, S. 82.
91 Thorwald Proll / Daniel Dubbe: Wir kamen vom andern Stern. Über 1968, Andreas Baader und ein Kaufhaus. Hamburg 2003, S. 23.
92 Gerd Koenen: Vesper, Ensslin, Baader. Urszenen des deutschen Terrorismus. Köln 2003, S. 171.
93 Interview von Nike Breyer mit Holm von Czettritz: Verbindlich war verdächtig. In: taz, 12. April 2003.
94 Koenen: Vesper, Ensslin, Baader, S. 175.
95 Zitiert nach ebenda, S. 205.
96 Ebenda, S. 267.
97 Zitiert nach Gerd Koenen: Das rote Jahrzehnt. Unsere kleine deutsche Kulturrevolution 1967–1977. Köln 2001, S. 383.

98 Wolfgang Pohrt: Gewalt und Politik. In: Die alte Straßenverkehrsordnung. Dokumente der RAF. Berlin 1986, S. 15.
99 Bertolt Brecht: Briefe I. Frankfurt a. M. 1998, S. 44 (Große kommentierte Berliner und Frankfurter Ausgabe. Band 28).
100 Zitiert nach: Metamorphosen eines Dichters. Johannes R. Becher. Gedichte, Briefe, Dokumente 1909–1945. Berlin 1992, S. 23.
101 Johannes R. Becher: Beengung. In: Becher: Ausgewählte Gedichte 1911–1918. Berlin und Weimar 1966, S. 76 (Ausgewählte Werke. Band 1).
102 Johannes R. Becher: Briefe 1909–1958. Berlin 1993, S. 27.
103 Brecht: Briefe I, S. 112.
104 Arnolt Bronnen: Tage mit Bertolt Brecht. München 1998, S. 61.
105 Johannes R. Becher: Abschied. Berlin 1995, S. 278.
106 Gershom Scholem: Walter Benjamin – die Geschichte einer Freundschaft. Frankfurt a. M. 1997, S. 71.
107 Ernst Bloch: Geist der Utopie. Berlin 1918, S. 9.
108 Brecht: Briefe I, S. 81.
109 Walter Benjamin: Gesammelte Schriften in 7 Bänden. Frankfurt a. M. 1991, Bd. II.2, S. 665.
110 Hannah Arendt: Benjamin, Brecht. München 1971, S. 18.
111 Leo Trotzki: Mein Leben. Frankfurt a. M. 1974, S. 159.
112 Zitiert nach Arnolt Bronnen: Sabotage der Jugend. Innsbruck 1989, S. 333.
113 Bertolt Brecht: Journale 2. Frankfurt a. Main 1995 (Große kommentierte Berliner und Frankfurter Ausgabe. Band 27), S. 261 (4. 1. 1948).
114 Benjamin: Gesammelte Schriften in 7 Bänden, Bd. II.2, S. 665.
115 Brecht: Journale 2, S. 19 (22. 10. 41).
116 Brecht: Briefe I, S. 423.
117 Benjamin: Gesammelte Schriften in 7 Bänden, Bd. II.2, S. 557.
118 Zitiert nach Metamorphosen eines Dichters, S. 102.
119 Arendt: Benjamin, Brecht, S. 51.
120 Siehe Bronnen: Tage mit Brecht, S. 38.
121 Trotzki: Mein Leben, S. 236.
122 Karl Marx: Das Kapital. In: Marx/Engels: Werke. Band 23, Berlin 1970, S. 193.
123 Karl Marx: Grundrisse der Kritik der politischen Ökonomie. Verlag für fremdsprachige Literatur, Moskau 1939 und 1941, S. 180.
124 Bertolt Brecht: Stücke. Bd. IV. Berlin, 1956, S. 126.
125 Brecht: Journale 2, S. 13 (4. 10. 41).
126 Bertolt Brecht: Journale 1. Frankfurt a. Main 1994 (Große kommentierte Berliner und Frankfurter Ausgabe. Band 26), S. 468 (7. 3. 41).
127 Trotzki: Mein Leben, S. 435.

128 Josef Stalin: Über die Grundlagen des Leninismus. Berlin 1946, S. 72.
129 Zitiert nach arnolt bronnen gibt zu protokoll. Berlin 1985, S. 268.
130 Ebenda, S. 377.
131 Johannes R. Becher: Warum schreibe ich »kommunistisch«!? In: Becher: Ausgewählte Gedichte 1919-1925. Berlin und Weimar 1966, S. 379 (Ausgewählte Werke. Band 2).
132 Zitiert nach Scholem: Walter Benjamin – die Geschichte einer Freundschaft, S. 157.
133 Werner Fuld: Walter Benjamin. Eine Biographie. Reinbeck 1990, S. 149.
134 Karl Korsch: Karl Marx. Reinbeck 1981, S. 174.
135 Zitiert nach: Dimitri Wolkogonow: Stalin. Triumph und Tragödie. Düsseldorf 1989, S. 523.
136 Brecht: Briefe I, S. 58.
137 Bertolt Brecht: Briefe II. Frankfurt a. M. 1998, S. 57 (Große kommentierte Berliner und Frankfurter Ausgabe. Band 29).
138 Jens-Fietje Dwars: Abgrund des Widerspruchs. Das Leben des Johannes R. Becher. Berlin 1998, S. 312.
139 Johannes R. Becher: Der Große Plan. Epos des sozialistischen Aufbaus. In: Becher: Dramatische Dichtungen, S. 195f. (Gesammelte Werke. Band 8).
140 Dwars: Abgrund des Widerspruchs, S. 347.
141 Cornelius Castoriadis: Gesellschaft als illusionäre Institution. Entwurf einer politischen Philosophie. Frankfurt a. M. 2002, S. 100.
142 Trotzki: Mein Leben, S.146.
143 Wolkogonow: Stalin, S. 176.
144 2. Buch Mose 16, 2–3.
145 Johannes R. Becher: Die Partei. In: Becher: Gedichte 1926–1935. Berlin und Weimar 1966, S. 715 (Gesammelte Werke. Band 3).
146 Arthur Koestler: Sonnenfinsternis. Bürgers Taschenbücher, o. O., o. J., S. 61.
147 Zitiert nach Scholem: Walter Benjamin, S. 204.
148 Ebenda, S. 229.
149 Benjamin: Gesammelte Schriften in 7 Bänden. Band VI, S. 432.
150 Ebenda, S. 539.
151 Fritz Sternburg: Der Dichter und die Ratio. Erinnerungen an Bertolt Brecht. Göttingen 1965, S. 41.
152 Arendt: Benjamin, Brecht, S. 83.
153 Benjamin: Gesammelte Schriften in 7 Bänden, Band VI, S. 536.
154 Zitiert nach Metamorphosen eines Dichters, S. 232.
155 Johannes R. Becher: Als Stalin sprach. In: Becher: Gedichte 1942 bis 1948. Berlin und Weimar 1967, S. 43 (Gesammelte Werke. Band 5).

156 Bertolt Brecht: Briefe III. Frankfurt a. M. 1998, S. 454 (Große kommentierte Berliner und Frankfurter Ausgabe. Band 30).
157 Brecht: Journale 2, S. 300.
158 Ebenda, S. 346.
159 Bertolt Brecht: Böser Morgen. In Brecht: Gedichte 2. Sammlungen 1938-1956. Frankfurt a. M. 1988, S. 310 f. (Große kommentierte Berliner und Frankfurter Ausgabe. Band 12).
160 Benjamin: Gesammelte Schriften in 7 Bänden, Band I/2. , S. 696.
161 Paul Berman: Terror und Liberalismus. Hamburg 2004.
162 Von dem britischen Philosophen David Hume stammt die schöne Wendung, er könne, wenn er sich in den Spiegel schaue, kaum etwas finden, das in einem reinen, puren Sinne er sei. Zitiert nach Eagleton: After Theory, S. 208.
163 Siehe hierzu auch das monumentale Werk: Boltanski / Chiapello: Der neue Geist des Kapitalismus.
164 Der Einwand, im globalen Maßstab seien mehr Menschen in klassischen Produktionsformen beschäftigt als in dem Wissenssektor, verfängt nicht. Was gegen solche quantitative Befunde zu sagen ist, hat schon der Gesellschaftshistoriker Fernand Braudel angemerkt: »Jedes Mal, wenn eine neue, zukunftsweisende Aktivität mit dem erdrückendem Volumen der gesamten Wirtschaftstätigkeit verglichen wird, dann verliert die Ausnahme angesichts der Masse jegliche Bedeutung. Das will mich nicht überzeugen. Fakten sind wichtig, wenn sie Konsequenzen haben.« Zitiert nach: Boltanski / Chiapello: Der neue Geist des Kapitalismus, S. 97.
165 Siehe: Immanuel Wallerstein. New Revolts against the System. In: New Left Review, London, November-December 2002.
166 John Holloway: Die Welt verändern, ohne die Macht zu übernehmen. Münster 2002.

Bildnachweis

AFP/E-Lance Media: S. 12
AP Photo: S. 31, 107, 131, 141
Dpa Picture-Alliance: S. 72, 79, 103
Astrid Proll, Hans und Grete. Bilder der RAF 1967-1977. Berlin 2004: S. 146
Ullstein-Bilderdienst: S. 51, 91

»Man muss sich die Kunden des Aufbau-Verlages als glückliche Menschen vorstellen.«
SÜDDEUTSCHE ZEITUNG

Das Kundenmagazin des Aufbau Verlags erhalten Sie kostenlos in Ihrer Buchhandlung und als Download unter www.aufbau-verlag.de. Abonnieren Sie auch online unseren kostenlosen Newsletter.

Judith Levine
No Shopping!
Ein Selbstversuch
301 Seiten. Gebunden
ISBN 978-3-378-01093-2

Ein Jahr ohne Shopping

Judith Levine hat ein Jahr lang nichts gekauft – zumindest nichts, was über das Nötigste hinausging. Aber zählt Wein wirklich dazu? Und was ist mit diesen limettengrünen Schuhen? Voller Esprit erzählt Levine von den Folgen der Shopping-Verweigerung für ihren Alltag, ihre Beziehung, ihre Psyche und ihren Kleiderschrank. Schon bald gibt es Schwierigkeiten, durchzuhalten: Sabotageversuche und unwiderstehliche Verlockungen treiben sie zum kommerziellen Sündenfall. Eine pointierte Darstellung des zutiefst menschlichen Hanges, sich selbst etwas vorzumachen.

»**Ein Meisterwerk der Selbstbeobachtung.**« BÜCHER

»**Eine Kritik an Kaufwahn und Habenwollen, die Sie, ja: unbedingt kaufen sollten!**« ROBERT MISIK

Mehr Informationen erhalten Sie unter
www.aufbau-verlag.de oder in Ihrer Buchhandlung

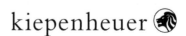

Robert Misik
Das Kult-Buch
Glanz und Elend der Kommerzkultur
220 Seiten. Gebunden
ISBN 978-3-351-02651-6

Konsumkritik – aber richtig!

Ökonomie und Kultur sind kaum mehr auseinander zu halten: Die Wirtschaft vermarktet Lebensstile. Investmentfonds spekulieren mit Kunstobjekten. Politik wird zum Entertainment. Innenstädte werden zu Kommerztempeln. Selbstmordattentäter drehen Homevideos, und Millionen erschaffen sich in virtuellen Welten ihr »Second Life«. Künstlertugenden halten Einzug ins Wirtschaftsleben (»Sei kreativ!«), das Wirtschaften wird moralisiert (»Fair Trade«). Gegen den globalen Lifestyle steht der »Kampf der Kulturen«.
Intelligent, provokant und witzig erklärt Robert Misik die schöne neue Welt der Kommerzkultur. Warum wir ihr nicht entkommen – und wie wir uns dennoch im Konsumdschungel orientieren können.

»Schlagfertig, pointenreich, furios.« DER STANDARD, WIEN

Mehr von Robert Misik im Taschenbuch:
*Genial dagegen. Kritisches Denken von Marx
bis Michael Moore. AtV 7058
Marx für Eilige. AtV 1945*

*Mehr Informationen erhalten Sie unter
www.aufbau-verlag.de oder in Ihrer Buchhandlung*

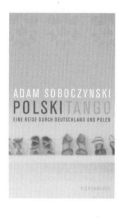

Adam Soboczynski
Polski Tango
Eine Reise durch Deutschland und Polen
207 Seiten. Gebunden
ISBN 978-3-378-00675-1

»Das beste der Heimat- und Reisebücher« LITERATUREN

Als Kind verliebt sich Adam Soboczynski in die BRD. Bald darauf siedeln der junge Pole und seine Familie nach Koblenz über. Doch was geschah mit dem zurückgebliebenen Leben? Nach über 20 Jahren begibt sich der Journalist auf Reisen, um das Land seiner Kindheit neu zu entdecken. Mit Charme, Witz und Schärfe hinterfragt Adam Soboczynski die Polenklischees der Deutschen und erklärt, warum die polnische Putzfrau inzwischen eine Russin ist. Seine Reise führt ebenso durch die DDR wie durch die alte und die neue Bundesrepublik, und sie endet im Herzen Europas. Ein bedeutsames Buch über uns und unsere Nachbarn.

»Soboczynski stellt Klischee gegen Klischee, Selbstbild gegen Fremdbild, ergänzt um Beobachtungen, Bruchstücke der Realität, die auf diese Weise – wie in einem Spiegelkabinett – deutlich und scharf konturiert erscheint.« SÜDDEUTSCHE ZEITUNG

Mehr Informationen erhalten Sie unter
www.aufbauverlagsgruppe.de oder in Ihrer Buchhandlung

Merle Hilbk
Die Chaussee der Enthusiasten
Eine Reise durch das russische Deutschland
288 Seiten. Gebunden
ISBN 978-3-351-02667-7

Zwischen Borschtsch und Russendisko

3,5 Millionen Menschen kamen nach dem zweiten Weltkrieg aus Russland nach Deutschland, geleitet durch die Hoffnung auf ein besseres Leben. Seither hat sich eine vielfältige und lebendige Szene aus russischen Kindergärten und Schulen, Sport- und Kulturvereinen, Anwaltskanzleien, Banken, Supermärkten, Bars und Diskos gebildet, in der es eigene Sitten und Regeln und sogar ein eigenes Idiom gibt, das »Russki Deutsch«. Nach ihrem grandiosen Debüt »Sibirski Punk« hat sich Merle Hilbk, nur mit Neugier und einer Straßenkarte bewaffnet, auf den Weg gemacht, um den wilden Osten mitten unter uns zu finden. Ob Datscha-Party, traditioneller Bardenklub oder die »Landsmannschaft der Russen in Deutschland« – dieses Buch zeigt alle Facetten des neuen deutsch-russischen Lebens: abenteuerlich, berührend und brillant geschrieben.

Mehr von Merle Hilbk im Taschenbuch:
Sibirski Punk. Eine Reise in das Herz des wilden Ostens. AtV 2439

Mehr Informationen erhalten Sie unter
www.aufbau-verlag.de oder in Ihrer Buchhandlung

Richard Wagner
Es reicht
Gegen den Ausverkauf unserer Werte
163 Seiten. Gebunden
ISBN 978-3-351-02673-8

Ist das Abendland noch zu retten?

Provokante Thesen: Aus dem christlichen Abendland, dem Kontinent der Aufklärung, ist McAbendland geworden. Darin wird Columbus zu Popeye, das Lexikon verwandelt sich in Wikipedia und aus Ethos wird Popcorn. Die kulturellen Werte der europäischen Gesellschaft sieht Wagner gefährdet durch den unkritischen Umgang mit der Erlebnisgesellschaft, der islamischen Einwanderung und der 68er Ideologie. Fehlen uns die Fähigkeit und der Wille, Europas Werte und seine Freiheit zu verteidigen? Dieses pointierte und streitbare Buch will zurückführen zu unseren europäischen Wurzeln. Es handelt von dem, was es zu verteidigen gilt: Freiheit, Gleichheit, Brüderlichkeit.

»**Ein Autor, den Sie unbedingt entdecken sollten**« ELKE HEIDENREICH

Weitere Titel (Auswahl):
Der deutsche Horizont. ISBN 978-3-351-02628-8
Das reiche Mädchen. Roman. ISBN 978-3-351-03226-5

Mehr Informationen erhalten Sie unter
www.aufbau-verlag.de oder in Ihrer Buchhandlung

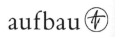

Richard Wagner
Der deutsche Horizont
Vom Schicksal eines guten Landes
399 Seiten. Gebunden
ISBN 3-351-02628-5

Was ist deutsch?

In seinem fundierten wie geistreichen Buch schreitet Richard Wagner den deutschen Horizont ab. Als brillanter Literat und messerscharfer Analytiker führt er uns vor Augen, wer wir sind und was wir können. Sein Buch ist ein leidenschaftliches wie hochaktuelles Plädoyer für eine tabufreie, selbstbewußte Nation. Seit 1989, als alle Werte plötzlich untauglich wurden, herrscht große Verunsicherung. Mit der Wiedervereinigung wurden alle Kategorien auf einen Schlag ungültig – Gleichheitsdoktrin des Ostens wie der Individualismus des Westens. Richard Wagner unterzieht in diesem Buch Deutschland und die Deutschen einer konsequenten Diagnose.

»Der Autor bewegt sich virtuos zwischen Fakten und Mentalitäten, Ideologien und Mythologien.«
NEUE ZÜRCHER ZEITUNG

Weitere Informationen erhalten Sie unter
www.aufbau-verlag.de oder in Ihrer Buchhandlung

AUFBAU VERLAGSGRUPPE